In den acht Kurzgeschichten dieses zweisprachigen Buches
agieren, auf literarisch unterschiedlichem Niveau:

– Ein mit etlichen Wassern gewaschener Anhalter in einer
prekären Polizei-Situation (happy end)
– Ein resozialisierter Bankräuber im Zwiespalt zwischen
seinen zwei Naturen (happy end)
– Ein korrekter und wohlmeinender, aber in Sachen Babies
ahnungsloser Landedelmann (happy end)
– Eine beleibte Ordensfrau, die in schöner Menschenliebe
ahnungslos (?) … nun: selber lesen! (happy end)
– Ein kompost-begeistertes, ja kompost-gläubiges, ja kom-
post-fanatisches Ehepaar (disaster)
– Ein Detektiv, der immer eine Nasenlänge weiter um
die Ecke sieht (happy end? disaster?)
– Ein britischer Soldat im Nachkriegs-Deutschland und
ein Kamerad, ein Pferd, ein Mädchen (happy end)
– Eine kapriziöse junge Frau auf Seelenwanderung, (happy
disaster)

Wir empfehlen gute Miene und versprechen gute Laune.

Keep Smiling · Gute Miene

Englische und amerikanische Kurzgeschichten
Auswahl von Richard Fenzl
Übersetzungen von Theo Schumacher (O. Henry),
Harald Raykowski (Saki) und Richard Fenzl

Deutscher Taschenbuch Verlag

<u>dtv</u> zweisprachig
Begründet von Kristof Wachinger-Langewiesche

Ausführliche Informationen über
unsere Autoren und Bücher
finden Sie auf unserer Website
<u>www.dtv.de</u>

Deutsche Erstausgabe · Neuübersetzung 2002
5. Auflage 2012
Deutscher Taschenbuch Verlag GmbH & Co. KG, München
zweisprachig@dtv.de
Copyright-Nachweise Seite 191 f.
Umschlagkonzept: Balk & Brumshagen
Umschlagbild: Winslow Homer (1836–1910):
Inside the Bar (Innerhalb der Sandbank), Tynemouth
Satz: Greiner & Reichel, Köln
Druck und Bindung: Kösel, Krugzell
Gedruckt auf säurefreiem, chlorfrei gebleichtem Papier
Printed in Germany. ISBN 978-3-423-09423-8

Inhalt

Roald Dahl: The Hitchhiker

I had a new car. It was an exciting toy, a big B. M. W. 3.3 Li, which means 3.3 litre, long wheelbase, fuel injection. It had a top speed of 129 m. p. h. and terrific acceleration. The body was pale blue. The seats inside were darker blue and they were made of leather, genuine soft leather of the finest quality. The windows were electrically operated and so was the sun-roof. The radio aerial popped up when I switched on the radio, and disappeared when I switched it off. The powerful engine growled and grunted impatiently at slow speeds, but at sixty miles an hour the growling stopped and the motor began to purr with pleasure.

I was driving up to London by myself. It was a lovely June day. They were haymaking in the fields and there were buttercups along both sides of the road. I was whispering along at seventy miles an hour, leaning back comfortably in my seat, with no more than a couple of fingers resting lightly on the wheel to keep her steady. Ahead of me I saw a man thumbing a lift. I touched the footbrake and brought the car to a stop beside him. I always stopped for hitchhikers. I knew just how it used to feel to be standing on the side of a country road watching the cars go by. I hated the drivers for pretending they didn't see me, especially the ones in big cars with three empty seats. The large expensive cars seldom stopped. It was always the smaller ones that offered you a lift, or the old rusty ones, or the ones that were already crammed full of children and the driver would say, "I think we can squeeze in one more."

Roald Dahl: Der Anhalter

Ich hatte einen neuen Wagen. Es war ein aufregendes
Spielzeug, ein großer BMW, 3,3 Liter, weiter Radstand,
Einspritzmotor. Seine Höchstgeschwindigkeit betrug 129
Meilen in der Stunde, seine Beschleunigung war gewaltig.
Die Karosserie war hellblau, die Sitze waren in einem
dunkleren Blau gehalten und aus Leder, echtem weichen
Leder der feinsten Art. Die Fenster und das Sonnendach
ließen sich elektrisch öffnen und schließen. Die Radio-
antenne fuhr aus, sobald ich das Radio einschaltete und
verschwand, wenn ich es ausdrehte. Bei langsamer Fahrt
knurrte und brummte der mächtige Motor ungeduldig,
aber bei 60 Meilen hörte das Brummen auf, und der Motor
begann vergnüglich zu schnurren.

Ich war gerade unterwegs nach London und steuerte
den Wagen selbst. Es war ein herrlicher Tag im Juni. Auf
den Feldern wurde Heu gemacht, und entlang der Straßen-
seiten blühte der Hahnenfuß. Ich rauschte mit siebzig
Meilen dahin, lehnte mich behaglich im Sitz zurück und
nur zwei Finger ruhten leicht auf dem Lenkrad, um Kurs
zu halten. Vor mir sah ich einen Mann, der mit dem Dau-
men um Mitnahme bat. Ich trat auf die Bremse und brachte den Wagen neben ihm zum Stehen. Anhalter nahm ich
immer mit, wusste ich doch, wie einem zumute ist, wenn
man neben einer Landstraße steht und die Autos vorbei-
fahren sieht. Die Fahrer, die so taten, als sähen sie mich
nicht, hasste ich, besonders die in großen Wagen mit drei
leeren Sitzen. Die wuchtigen, teuren Wagen hielten selten
an. Immer waren es die kleineren, die einen mitfahren
ließen, oder die alten Rostlauben, oder solche, die schon
vollgestopft mit Kindern waren. Der Fahrer sagte dann ge-
wöhnlich: «Ich glaube, wir können noch einen reinzwän-
gen.»

The hitchhiker poked his head through the open window and said, "Going to London, guv'nor?"

"Yes," I said. "Jump in."

He got in and I drove on.

He was a small ratty-faced man with grey teeth. His eyes were dark and quick and clever, like a rat's eyes, and his ears were slightly pointed at the top. He had a cloth cap on his head and he was wearing a greyish-coloured jacket with enormous pockets. The grey jacket, together with the quick eyes and the pointed ears, made him look more than anything like some sort of a huge human rat.

"What part of London are you headed for?" I asked him.

"I'm goin' right through London and out the other side," he said. "I'm goin' to Epsom, for the races. It's Derby Day today."

"So it is," I said. "I wish I were going with you. I love betting on horses."

"I never bet on horses," he said. "I don't even watch 'em run. That's a stupid silly business."

"Then why do you go?" I asked.

He didn't seem to like that question. His little ratty face went absolutely blank and he sat there staring straight ahead at the road, saying nothing.

"I expect you help to work the betting machines or something like that," I said.

"That's even sillier," he answered. "There's no fun working them lousy machines and selling tickets to mugs. Any fool could do that."

There was a long silence. I decided not to question him any more. I remembered how irritated I used to get in my hitchhiking days when drivers kept asking *me* questions. Where are you going?

Der Anhalter streckte den Kopf durch das offene Fenster und fragte: «Fahren Sie nach London, Chef?»

«Ja», sagte ich, «springen Sie rein!»

Er stieg ein, und ich fuhr weiter.

Er war ein kleiner, unansehnlicher Mann mit grauen Zähnen. Seine Augen waren dunkel, hellwach und schlau, wie die Augen einer Ratte, und seine Ohren liefen nach oben spitz zu. Er hatte eine Stoffmütze auf und trug eine gräuliche Jacke mit riesigen Taschen. Hauptsächlich die graue Jacke, zusammen mit den wachen Augen und den spitz zulaufenden Ohren erinnerten irgendwie an eine Art riesige menschliche Ratte.

«In welchen Teil von London wollen Sie denn?» fragte ich ihn.

«Ich fahre gerade durch London durch und auf der anderen Seite wieder hinaus», sagte er. «Nach Epsom, zu den Rennen. Heute ist ja Derbytag.»

«Stimmt», sagte ich. «Ich wollte, ich könnte mit Ihnen fahren. Ich setze gern auf Pferde.»

«Ich setze nie auf Pferde», sagte er. «Ich schaue ihnen nicht einmal zu, wenn sie laufen. Das ist blöd und dämlich.»

«Warum fahren Sie dann hin?» wollte ich wissen.

Diese Frage hörte er anscheinend nicht gern. Sein kleines Rattengesicht wurde völlig nichtssagend. Er saß da, starrte gerade vor sich hin auf die Straße und sagte nichts.

«Ich nehme an, Sie helfen, die Wettmaschinen oder so etwas Ähnliches in Betrieb zu halten», sagte ich.

«Das ist noch dämlicher», antwortete er. «Es macht doch keinen Spaß, diese ekelhaften Maschinen zu betätigen und Karten an Einfaltspinsel zu verkaufen. Das könnte jeder Trottel tun.»

Langes Schweigen. Ich entschloss mich, ihn nicht weiter auszufragen, erinnerte ich mich doch daran, wie sehr es mir in meiner eigenen Anhalterzeit gegen den Strich ging, wenn Autofahrer *mir* dauernd Fragen stellten. Wohin sind Sie

Why are you going there? What's your job? Are you married? Do you have a girl-friend? What's her name? How old are you? And so on and so forth. I used to hate it.

"I'm sorry," I said. "It's none of my business what you do. The trouble is, I'm a writer, and most writers are terribly nosey parkers."

"You write books?" he asked.

"Yes."

"Writin' books is okay," he said. "It's what I call a skilled trade. I'm in a skilled trade too. The folks I despise is them that spend all their lives doin' crummy old routine jobs with no skill in 'em at all. You see what I mean?"

"Yes."

"The secret of life," he said, "is to become very very good at somethin' that's very very 'ard to do."

"Like you," I said.

"Exactly. You and me both."

"What makes you think that *I'm* any good at my job?" I asked. "There's an awful lot of bad writers around."

"You wouldn't be drivin' about in a car like this if you weren't no good at it," he answered. "It must've cost a tidy packet, this little job."

"It wasn't cheap."

"What can she do flat out?" he asked.

"One hundred and twenty-nine miles an hour," I told him.

"I'll bet she won't do it."

"I'll bet she will."

"All car makers is liars," he said. "You can buy any car you like and it'll never do what the makers say it will in the ads."

unterwegs? Warum fahren Sie dorthin? Was sind sie von Beruf? Sind Sie verheiratet? Haben Sie eine Freundin? Wie heißt sie? Wie alt sind Sie? Und so weiter und so fort. Mir war das immer zuwider. *Es ist mir zuwider - I hate it*

«Tut mir leid», sagte ich. «Es geht mich nichts an, was Sie tun. Bloß, ich bin Schriftsteller, und die meisten Schriftsteller sind fürchterlich neugierige Typen.»

«Sie schreiben Bücher?» fragte er.

«Ja.»

«Bücherschreiben ist in Ordnung», sagte er. «Ich nenne sowas einen Spezialberuf. Auch ich habe einen Spezialberuf. Die Leute, die ich verachte, sind die, die ihr Leben damit zubringen, *spend* lausige Allerweltsberufe auszuüben, zu denen gar kein Geschick erforderlich ist. Verstehen Sie, was ich meine?»

«Ja. *skill necessary*

«Das Geheimnis des Lebens», sagte er, «besteht darin, auf irgendeinem Gebiet, das sehr, sehr schwer zu bearbeiten ist, *to do / work at* sehr, sehr gut zu werden.»

«Wie Sie», sagte ich.

«Genau. Sie und ich, wir beide.»

«Was veranlasst Sie zu der Annahme, dass ich in meinem Beruf tatsächlich etwas tauge?» wollte ich wissen. «Es gibt ja überall schrecklich viele schlechte Schriftsteller.»

«Wenn Sie nicht gut wären, würden Sie nicht in einem Wagen wie diesem rumfahren», antwortete er. «Es muss eine ordentliche Stange Geld gekostet haben, dieses kleine Ding.»

«Er war nicht billig.»

«Was können Sie herausholen, wenn Sie ganz aufdrehen?» fragte er.

«Hundertneunundzwanzig Meilen», antwortete ich ihm.

«Ich wette, dass er das nicht schafft.»

«Ich wette, er schafft's.»

«Alle Autohersteller lügen», sagte er. «Sie können einen x-beliebigen Wagen kaufen, und er leistet nie das, was die Hersteller in den Anzeigen behaupten.»

"This one will."

"Open 'er up then and prove it," he said. "Go on, guv'nor, open 'er right up and let's see what she'll do."

There is a roundabout at Chalfont St Peter and immediately beyond it there's a long straight section of dual carriageway. We came out of the roundabout on to the carriageway and I pressed my foot down on the accelerator. The big car leaped forward as though she'd been stung. In ten seconds or so, we were doing ninety.

"Lovely!" he cried. "Beautiful! Keep goin'!"

I had the accelerator jammed right down against the floor and I held it there.

"One hundred!" he shouted …"A hundred and five! … A hundred and ten! … A hundred and fifteen! Go on! Don't slack off!"

I was in the outside lane and we flashed past several cars as though they were standing still – a green Mini, a big cream-coloured Citroën, a white Land-Rover, a huge truck with a container on the back, an orange-coloured Volkswagen Mini-bus …

"A hundred and twenty!" my passenger shouted, jumping up and down. "Go on! Go on! Get 'er up to one-two-nine!"

At that moment, I heard the scream of a police siren. It was so loud it seemed to be right inside the car, and then a policeman on a motor-cycle loomed up alongside us on the inside lane and went past us and raised a hand for us to stop.

"Oh, my sainted aunt!" I said. "That's torn it!"

The policeman must have been doing about a hundred and thirty when he passed us, and he took plenty of time slowing down. Finally, he pulled into the side of the road and I pulled in behind him. "I

«Der da schon.»

«Dann dreh'n Sie ihn doch hoch und beweisen Sie's», sagte er. «Los, Chef, bringen Sie ihn ganz auf Touren, und wir wollen sehen, wozu er imstande ist.»

In Chalfont St. Peter gibt es einen Kreisverkehr und gleich danach einen langen schnurgeraden Streckenabschnitt mit doppelter Fahrbahn. Wir kamen aus dem Kreisverkehr heraus auf die Fahrbahn, und ich drückte meinen Fuß auf den Gashebel. Der große Wagen schnellte vorwärts wie von der Tarantel gestochen. In etwa zehn Sekunden waren wir auf neunzig.

«Wunderbar!» rief er. «Schön! Weiter so!»

Ich hatte das Gaspedal ganz durchgetreten und ließ es dort.

«Hundert!» brüllte er … «Hundertfünf! … Hundertzehn! … Hundertfünfzehn! Weiter! Nicht nachlassen!»

Ich fuhr auf der äußeren Spur, wir flitzten an mehreren Autos vorbei, als stünden die – an einem grünen Mini, einem großen cremefarbenen Citroën, einem weißen Land-Rover, einem riesigen Lastwagen mit einem Container huckepack, einem orangefarbenen Volkswagen-Kleinbus …

«Hundertzwanzig!» rief mein Fahrgast und hüpfte auf und nieder. «Weiter! Weiter! Treiben Sie ihn hoch auf einszwei-neun!»

In diesem Augenblick hörte ich das Schrillen einer Polizeisirene. Sie war so laut, dass man den Eindruck hatte, sie ertöne im Wageninneren; dann erschien neben uns auf der Innenspur ein Polizist mit einem Motorrad, fuhr an uns vorbei und hob die Hand: wir sollten anhalten.

«Ach, du heiliger Strohsack!» sagte ich. «Damit ist alles vermasselt!»

Der Polizist muss, als er uns überholte, etwa hundertdreißig Meilen drauf gehabt haben, und er ließ sich viel Zeit, langsamer zu werden. Schließlich blieb er neben der Straße stehen, und ich stellte mich hinter ihn. «Ich wusste nicht,

didn't know police motorcycles could go as fast as that," I said rather lamely.

"That one can," my passenger said. "It's the same make as yours. It's a B. M. W. R90S. Fastest bike on the road. That's what they're usin' nowadays."

The policeman got off his motor-cycle and leaned the machine sideways on to its prop stand. Then he took off his gloves and placed them carefully on the seat. He was in no hurry now. He had us where he wanted us and he knew it.

"This is real trouble," I said. "I don't like it one bit."

"Don't talk to 'im any more than is necessary, you understand," my companion said. "Just sit tight and keep mum."

Like an executioner approaching his victim, the policeman came strolling slowly towards us. He was a big meaty man with a belly, and his blue breeches were skintight around his enormous thighs. His goggles were pulled up on to the helmet, showing a smouldering red face with wide cheeks.

We sat there like guilty schoolboys, waiting for him to arrive.

"Watch out for this man," my passenger whispered. "'Ee looks mean as the devil."

The policeman came round to my open window and placed one meaty hand on the sill. "What's the hurry?" he said.

"No hurry, officer," I answered.

"Perhaps there's a woman in the back having a baby and you're rushing her to hospital? Is that it?"

"No, officer."

"Or perhaps your house is on fire and you're dashing home to rescue the family from upstairs?" His voice was dangerously soft and mocking.

dass Polizei-Motorräder so schnell fahren können», sagte ich ziemlich lahm.

«Das hier schon», sagte mein Fahrgast. «Es ist die gleiche Marke wie die Ihre, eine BMW R90S. Schnellstes Motorrad auf der Straße. Das verwendet man heute.»

Der Polizist stieg vom Motorrad ab und stellte die Maschine seitlich auf ihre Stütze. Dann zog er die Handschuhe aus und legte sie sorgsam auf den Sitz. Er hatte es jetzt nicht eilig. Er hatte uns, wo er uns haben wollte, und er wusste es.

«Da sitze ich nun wirklich in den Nesseln», sagte ich. «Das mag ich überhaupt nicht.»

«Sprechen Sie mit ihm nicht mehr als nötig, verstehen Sie», sagte mein Gefährte. «Bleiben Sie einfach ruhig sitzen und schweigen Sie.»

Wie ein Scharfrichter, der sich seinem Opfer nähert, kam der Polizist langsam auf uns zugeschlendert. Er war ein großer, kräftiger Mann mit einem Bauch, und seine blaue Kniehose saß hauteng um die ausladenden Hüften. Seine Schutzbrille war auf den Helm hochgeschoben, und man sah ein rotglühendes, breitwangiges Gesicht.

Wir saßen wie die Schulbuben da, die etwas ausgefressen hatten und warteten, bis er kam.

«Seien Sie vor diesem Mann auf der Hut», flüsterte mein Fahrgast. «Der schaut gemein aus wie der Teufel.»

Der Polizist kam an mein offenes Fenster heran und legte eine fleischige Hand auf den Fensterrand. «Wozu die Eile?» sagte er.

«Keine Eile, Herr Wachtmeister», antwortete ich.

«Vielleicht ist eine Frau auf dem Rücksitz, die ein Baby bekommt, und Sie sausen mit ihr ins Krankenhaus? Wie?»

«Nein, Herr Wachtmeister.»

«Oder vielleicht brennt Ihr Haus, und Sie eilen heim, um die Familie aus dem Obergeschoss zu retten?» Seine Stimme klang gefährlich sanft und spöttisch.

"My house isn't on fire, officer."

"In that case," he said, "you've got yourself into a nasty mess, haven't you? Do you know what the speed limit is in this country?"

"Seventy," I said.

"And do you mind telling me exactly what speed you were doing just now?"

I shrugged and didn't say anything.

When he spoke next, he raised his voice so loud that I jumped. *"One hundred and twenty miles per hour!"* he barked. "That's fifty miles an hour over the limit!"

He turned his head and spat out a big gob of spit. It landed on the wing of my car and started sliding down over my beautiful blue paint. Then he turned back again and stared hard at my passenger. "And who are you?" he asked sharply.

"He's a hitchhiker," I said. "I'm giving him a lift."

"I didn't ask you," he said. "I asked him."

"'Ave I done somethin' wrong?" my passenger asked. His voice was as soft and oily as haircream.

"That's more than likely," the policeman answered. "Anyway, you're a witness. I'll deal with you in a minute. Driving-licence," he snapped, holding out his hand.

I gave him my driving-licence.

He unbuttoned the left-hand breast-pocket of his tunic and brought out the dreaded book of tickets. Carefully, he copied the name and address from my licence. Then he gave it back to me. He strolled round to the front of the car and read the number from the number-plate and wrote that down as well. He filled in the date, the time and the details of my offence. Then he tore out the top copy of the ticket. But before handing it to me, he checked that all the

«Mein Haus brennt nicht, Herr Wachtmeister.»

«In diesem Fall», sagte er, «haben Sie sich arg in die Klemme gebracht, verstehen Sie? Kennen Sie die in diesem Land vorgeschriebene Geschwindigkeitsgrenze?»

«Siebzig», sagte ich.

«Und würden Sie mir vielleicht genau sagen, welche Geschwindigkeit Sie soeben drauf hatten?»

Ich zuckte mit den Schultern und sagte nichts.

Als er wieder sprach, hob er die Stimme so sehr an, dass ich zusammenfuhr, «*Hundertzwanzig Meilen in der Stunde!*» bellte er. «Das sind fünfzig Meilen zu viel!»

Er drehte den Kopf und spuckte einen großen Klumpen Schleim aus. Der landete auf dem Kotflügel meines Wagens und fing an, über die schöne blaue Farbe herabzugleiten. Dann drehte er sich wieder um und starrte finster auf meinen Fahrgast. «Und wer sind Sie?» fragte er scharf.

«Er ist Anhalter», sagte ich. «Ich lasse ihn mitfahren.»

«Ich habe nicht Sie gefragt», sagte er. «Ich habe ihn gefragt.»

«Habe ich was Unrechtes getan?» erkundigte sich mein Fahrgast. Seine Stimme war weich und ölig wie Pomade.

«Das ist mehr als wahrscheinlich», antwortete der Polizist. «Jedenfalls sind Sie Zeuge. Mit Ihnen werde ich dann gleich verhandeln. Führerschein», schnauzte er und streckte die Hand aus.

Ich gab ihm meinen Führerschein.

Er knöpfte die linke Brusttasche seiner Uniformjacke auf und zog das gefürchtete Strafzettelbuch heraus. Sorgfältig schrieb er Name und Anschrift von meinem Führerschein ab; dann gab er ihn mir zurück. Er schlenderte um die Vorderseite des Wagens herum, las die Nummern vom Nummernschild ab und schrieb auch diese auf. Er trug das Datum, die Zeit und die Einzelheiten meines Vergehens ein. Dann riss er das obere Exemplar des Zettels ab. Doch bevor er es mir aushändigte, überzeugte er sich, dass alles, was zu notieren

information had come through clearly on his own carbon copy. Finally, he replaced the book in his tunic pocket and fastened the button.

"Now you," he said to my passenger, and he walked around to the other side of the car. From the other breast-pocket he produced a small black note-book. "Name?" he snapped.

"Michael Fish," my passenger said.

"Address?"

"Fourteen, Windsor Lane, Luton."

"Show me something to prove this is your real name and address," the policeman said.

My passenger fished in his pockets and came out with a driving-licence of his own. The policeman checked the name and address and handed it back to him. "What's your job?" he asked sharply.

"I'm an 'od carrier."

"A *what*?"

"An 'od carrier."

"Spell it."

"H–O–D C–A– ..."

"That'll do. And what's a hod carrier, may I ask?"

"An 'od carrier, officer, is a person 'oo carries the cement up the ladder to the bricklayer. And the 'od is what 'ee carries it in. It's got a long 'andle, and on the top you've got two bits of wood set at an angle ..."

"All right, all right. Who's your employer?"

"Don't 'ave one. I'm unemployed."

The policeman wrote all this down in the black notebook. Then he returned the book to its pocket and did up the button.

"When I get back to the station I'm going to do a little checking up on you," he said to my passenger.

war, klar leserlich auf seinem eigenen Durchschlag stand. Dann steckte er das Buch wieder in seine Uniformtasche und knöpfte sie zu.

«Nun zu Ihnen», sagte er zu meinem Fahrgast und ging auf die andere Seite des Wagens. Aus der anderen Brusttasche zog er ein kleines schwarzes Notizbuch. «Name», fauchte er.

«Michael Fish», sagte mein Fahrgast.

«Anschrift?»

«Windsorstraße 14, Luton.»

«Zeigen Sie mir etwas, womit Sie beweisen, dass Name und Anschrift stimmen», sagte der Polizist.

Mein Fahrgast kramte in seinen Taschen herum und holte einen eigenen Führerschein heraus. Der Polizist überprüfte Name und Anschrift und gab ihn ihm wieder. «Was sind Sie von Beruf?» fragte er scharf.

«Ich bin Mötlträger.»

«Ein *was?*»

«Mötlträger!»

«Buchstabieren Sie.»

«M–Ö–R–T–E–L–T–R …»

«Genügt schon. Und darf ich fragen, was ein Mörtelträger ist?»

«Ein Mötlträger, Herr Wachtmeister, ist jemand, der den Zement die Leiter zum Maurer rauf bringt. Er trägt ihn im Mötltrog. Der hat einen langen Griff, und oben sind zwei Stücke Holz in einem Winkel angebracht …»

«Schon gut, schon gut. Wer ist Ihr Arbeitgeber?»

«Ich habe keinen. Ich bin arbeitslos.»

Der Polizist trug das alles in sein schwarzes Notizbuch ein. Dann steckte er das Buch wieder in die Brusttasche und knöpfte sie zu.

«Wenn ich ins Revier zurückkomme, werde ich Sie einer kleinen Durchleuchtung unterziehen», sagte er zu meinem Fahrgast.

"Me? What've I done wrong?" the rat-faced man asked.

"I don't like your face, that's all," the policeman said. "And we just might have a picture of it somewhere in our files." He strolled round the car and returned to my window.

"I suppose you know you're in serious trouble," he said to me.

"Yes, officer."

"You won't be driving this fancy car of yours again for a very long time, not after *we've* finished with you. You won't be driving *any* car again come to that for several years. And a good thing, too. I hope they lock you up for a spell into the bargain."

"You mean prison?" I asked, alarmed.

"Absolutely," he said, smacking his lips. "In the clink. Behind the bars. Along with all the other criminals who break the law. *And* a hefty fine into the bargain. Nobody will be more pleased about that than me. I'll see you in court, both of you. You'll be getting a summons to appear."

He turned away and walked over to his motorcycle. He flipped the prop stand back into position with his foot and swung his leg over the saddle. Then he kicked the starter and roared off up the road out of sight.

"Phew!" I gasped. "That's done it."

"We was caught," my passenger said. "We was caught good and proper."

"I was caught, you mean."

"That's right," he said. "What you goin' to do now, guv'nor?"

"I'm going straight up to London to talk to my solicitor," I said. I started the car and drove on.

«Mich? Was habe ich denn Unrechtes getan?» fragte der Mann mit dem Rattengesicht.

«Ihr Gesicht gefällt mir nicht, das ist alles», sagte der Polizist. «Und irgendwo könnten wir ja vielleicht in unseren Unterlagen ein Foto davon haben.» Er schlenderte um den Wagen herum und kam an mein Fenster zurück.

«Wahrscheinlich wissen Sie, dass Sie gewaltig in der Klemme sind», sagte er zu mir.

«Ja, Herr Wachtmeister.»

«Ihren schnuckeligen Wagen da werden Sie sehr lange nicht mehr fahren, nicht, wenn erstmal *wir* mit Ihnen fertig sind. Sie werden mehrere Jahre überhaupt keinen fahren. Und das ist auch gut so. Hoffentlich buchtet man Sie obendrein noch eine Zeit lang ein.»

«Gefängnis meinen Sie?» fragte ich, beunruhigt.

«Ganz genau», sagte er und schmatzte mit den Lippen. «Ins Kittchen. Hinter Schloss und Riegel. Zusammen mit all den anderen Verbrechern, die sich gegen das Gesetz vergehen. Und eine saftige Geldstrafe obendrein. Niemand wird sich darüber mehr freuen als ich. Ich werde Sie beide im Gerichtssaal wiedersehen. Sie bekommen eine Vorladung.»

Er wandte sich ab und ging zu seinem Motorrad hinüber. Er klappte mit dem Fuß den Ständer zurück in seine Normalstellung und schwang das Bein über den Sattel. Dann betätigte er den Anlasser, brauste auf der Straße davon und war bald außer Sicht.

«Pfui Teufel!» keuchte ich. «Aus ist's.»

«Man hat uns erwischt», sagte mein Fahrgast. «Man hat uns richtig und sauber erwischt.»

«Man hat *mich* erwischt, meinen Sie doch.»

«Stimmt», sagte er. «Was tun Sie jetzt, Chef?»

«Ich fahre geradewegs nach London, um mit meinem Anwalt zu sprechen», antwortete ich. Ich ließ den Wagen an und fuhr los.

"You mustn't believe what 'ee said to you about goin' to prison," my passenger said. "They don't put nobody in the clink just for speedin'."

"Are you sure of that?" I asked.

"I'm positive," he answered. "They can take your licence away and they can give you a whoppin' big fine, but that'll be the end of it."

I felt tremendously relieved.

"By the way," I said, "why did you lie to him?"

"Who, me?" he said. "What makes you think I lied?"

"You told him you were an unemployed hod carrier. But you told me you were in a highly skilled trade."

"So I am," he said. "But it don't pay to tell everythin' to a copper."

"So what *do* you do?" I asked him.

"Ah," he said slyly. "That'd be tellin', wouldn't it?"

"Is it something you're ashamed of?"

"Ashamed?" he cried. "Me, ashamed of my job? I'm about as proud of it as anybody could be in the entire world!"

"Then why won't you tell me?"

"You writers really is nosey parkers, aren't you?" he said. "And you ain't goin' to be 'appy, I don't think, until you've found out exactly what the answer is?"

"I don't really care one way or the other," I told him, lying.

He gave me a crafty little ratty look out of the sides of his eyes. "I think you do care," he said. "I can see it on your face that you think I'm in some kind of a very peculiar trade and you're just achin' to know what it is."

I didn't like the way he read my thoughts. I kept quiet and stared at the road ahead.

«Sie dürfen nicht glauben, was er vom Einsperren geredet hat», sagte mein Fahrgast. «Niemand wandert ins Gefängnis, weil er zu schnell gefahren ist.»

«Sind Sie da sicher?»

«Das weiß ich bestimmt», antwortete er. «Man kann Ihnen Ihren Führerschein wegnehmen und man brummt Ihnen vielleicht eine verdammt hohe Geldstrafe auf, aber damit wird's sein Bewenden haben.»

Ich fühlte mich ungemein erleichtert.

«Übrigens», sagte ich, «warum haben Sie ihn belogen?»

«Wer, ich?» sagte er. «Wie kommen Sie darauf?»

«Sie erzählten ihm, Sie seien ein arbeitsloser Mörtelträger. *Mir* aber haben Sie erzählt, sie arbeiteten in einem Beruf, der große Geschicklichkeit erfordere.

«Das trifft auch zu», sagte er. «Aber es zahlt sich nicht aus, einem Polizisten alles zu erzählen.»

«Was also tun Sie wirklich?» fragte ich ihn.

«Oh», sagte er verschmitzt. «Das wäre aufschlussreich, nicht wahr?»

«Ist es etwas, dessen Sie sich schämen?»

«Schämen?» rief er. «Ich sollte mich meiner Arbeit schämen? Ich bin ungefähr so stolz darauf, wie irgend jemand auf der ganzen Welt sein kann.»

«Warum wollen Sie mir's dann nicht sagen?»

«Ihr Schriftsteller seid wirklich neugierige Burschen, stimmt's?» sagte er. «Und ich glaube, ihr seid erst glücklich, wenn ihr genau rausgebracht habt, wie die Antwort heißt.»

«So oder so ist mir das wirklich schnuppe», log ich ihn an.

Er warf mir einen listigen rattenhaften Blick von der Seite zu. «Ich glaube, dass es Ihnen tatsächlich nicht schnuppe ist», sagte er. «Ich kann es an Ihrem Gesicht sehen, dass Sie glauben, ich übte einen sehr speziellen Beruf aus, und Sie brennen darauf zu erfahren, was für einer es ist.»

Ich mochte nicht, wie er mein Gedanken las. Ich blieb still und starrte auf die Straße vor mir.

"You'd be right, too," he went on. "I *am* in a very peculiar trade. I'm in the queerest peculiar trade of 'em all."

I waited for him to go on.

"That's why I 'as to be extra careful 'oo I'm talkin' to, you see. 'Ow am I to know, for instance, you're not another copper in plain clothes?"

"Do I look like a copper?"

"No," he said. "You don't. And you ain't. Any fool could tell that."

He took from his pocket a tin of tobacco and a packet of cigarette papers and started to roll a cigarette. I was watching him out of the corner of one eye, and the speed with which he performed this rather difficult operation was incredible. The cigarette was rolled and ready in about five seconds. He ran his tongue along the edge of the paper, stuck it down and popped the cigarette between his lips. Then, as if from nowhere, a lighter appeared in his hand. The lighter flamed. The cigarette was lit. The lighter disappeared. It was altogether a remarkable performance.

"I've never seen anyone roll a cigarette as fast as that," I said.

"Ah," he said, taking a deep suck of smoke. "So you noticed."

"Of course I noticed. It was quite fantastic."

He sat back and smiled. It pleased him very much that I had noticed how quickly he could roll a cigarette. "You want to know what makes me able to do it?" he asked.

"Go on then."

"It's because I've got fantastic fingers. These fingers of mine," he said, holding up both hands high in front of him, "are quicker and cleverer than the fingers of the best piano player in the world!"

« Sie hätten aber auch recht », fuhr er fort. « ich bin wirklich in einem sehr ausgefallenen Beruf tätig. Im sonderbarsten von allen. »

Ich wartete, dass er weiterredete.

« Darum muss ich ganz besonders vorsichtig sein, mit wem ich spreche. Wie soll ich zum Beispiel wissen, das Sie nicht einfach wieder ein anderer Polizist in Zivil sind? »

« Sehe ich wie ein Polizist aus? »

« Nein », sagte er. « Und Sie sind auch keiner. Das könnte jeder Tölpel merken. »

Er zog aus der Tasche eine Tabakdose und ein Päckchen Zigarettenpapier und fing an, sich eine Zigarette zu drehen. Ich beobachtete ihn kritisch von der Seite, und die Geschwindigkeit, mit der er diese ziemlich schwierige Aufgabe erledigte, war unglaublich. Die Zigarette war in etwa fünf Sekunden gedreht und fertig. Er ließ die Zunge über den Rand des Papiers hinweggleiten, klebte sie zu und steckte die Zigarette zwischen die Lippen. Dann tauchte, wie aus dem Nirgendwo, ein Feuerzeug in seiner Hand auf. Es flammte auf. Die Zigarette war angezündet. Das Feuerzeug verschwand. Es war ganz und gar eine bemerkenswerte Leistung.

« Nie habe ich jemanden gesehen, der so schnell eine Zigarette dreht », sagte ich.

« Oh », antwortete er und inhalierte kräftig. « Dann haben Sie es also bemerkt. »

« Natürlich hab ich's bemerkt. Es war ganz großartig. »

Er lehnte sich zurück und lächelte. Es war ihm sehr angenehm, dass ich bemerkt hatte, wie schnell er eine Zigarette drehen konnte. « Sie möchten wissen, wieso ich das kann? » fragte er.

« Erzählen Sie nur weiter. »

« Weil ich außergewöhnliche Finger habe. Meine Finger hier », sagte er, wobei er beide Hände hoch vor sich hielt, « sind flinker und geschickter als die des besten Klavierspielers der Welt. »

"Are you a piano player?"

"Don't be daft," he said. "Do I look like a piano player?"

I glanced at his fingers. They were so beautifully shaped, so slim and long and elegant, they didn't seem to belong to the rest of him at all. They looked more like the fingers of a brain surgeon or a watchmaker.

"My job," he went on, "is a hundred times more difficult than playin' the piano. Any twerp can learn to do that. There's titchy little kids learnin' to play the piano in almost any 'ouse you go into these days. That's right, ain't it?"

"More or less," I said.

"Of course it's right. But there's not one person in ten million can learn to do what I do. Not one in ten million! 'Ow about that?"

"Amazing," I said.

"You're darn right it's amazin'," he said.

"I think I know what you do," I said. "You do conjuring tricks. You're a conjurer."

"Me?" he snorted. "A conjurer? Can you picture me goin' round crummy kids' parties makin' rabbits come out of top 'ats?"

"Then you're a card player. You get people into card games and deal yourself marvellous hands."

"Me! A rotten card-sharper!" he cried. "That's a miserable racket if ever there was one."

"All right. I give up."

I was taking the car along slowly now, at no more than forty miles an hour, to make quite sure I wasn't stopped again. We had come on to the main London-Oxford road and were running down the hill towards Denham.

«Sind Sie Pianist?»

«Seien Sie nicht albern», sagte er. «Sehe ich wie ein Pianist aus?»

Ich warf einen Blick auf seine Finger. Sie waren so schön geformt, so schlank, lang und elegant, als gehörten sie überhaupt nicht zur übrigen Erscheinung. Sie ähnelten mehr den Fingern eines Gehirnchirurgen oder denen eines Uhrmachers.

«Meine Arbeit», fuhr er fort, «ist hundertmal schwieriger als Klavierspielen. Das kann jeder Dummkopf lernen. In fast jedem Haus, in das man heutzutage kommt, gibt es ganz kleine Kinder, die das Klavierspielen lernen. Stimmt's, oder etwa nicht?»

«Mehr oder weniger», antwortete ich.

«Natürlich stimmt es. Aber nicht einer von zehn Millionen kann lernen, was ich tue. Nicht einer von zehn Millionen! Was sagen Sie dazu?»

«Verblüffend», sagte ich.

«Sie haben verdammt recht, dass es verblüffend ist», sagte er.

«Ich glaube, ich weiß, was Sie tun», gab ich zur Antwort. «Sie vollführen Zaubertricks. Sie sind ein Zauberer.»

«Ich?» schnaubte er verächtlich. «Ein Zauberer? Können Sie sich vorstellen, dass ich auf lausige Kinderfeste gehe und Kaninchen aus dem Zylinder hole?»

«Dann sind Sie Kartenspieler. Sie verleiten Leute zum Spielen und heben für sich selber wunderbare Karten ab.»

«Ich? Ein niederträchtiger Falschspieler?» rief er aus. «Wenn es jemals eine erbärmliche Masche gab, dann die.»

«Stimmt. Ich gebe auf.»

Ich hielt jetzt den Wagen auf langsamer Fahrt, nicht mehr als vierzig Meilen in der Stunde, um ganz sicher zu gehen, nicht wieder angehalten zu werden. Wir waren auf die Hauptverbindung London-Oxford gelangt und fuhren soeben den Hügel hinunter Richtung Denham.

Suddenly, my passenger was holding up a black leather belt in his hand. "Ever seen this before?" he asked. The belt had a brass buckle of unusual design.

"Hey!" I said. "That's mine, isn't it? It is mine! Where did you get it?"

He grinned and waved the belt gently from side to side.

"Where d'you think I got it?" he said. "Off the top of your trousers, of course."

I reached down and felt for my belt. It was gone.

"You mean you took it off me while we've been driving along?" I asked, flabbergasted.

He nodded, watching me all the time with those little black ratty eyes.

"That's impossible," I said. "You'd have had to undo the buckle and slide the whole thing out through the loops all the way round. I'd have seen you doing it. And even if I hadn't seen you, I'd have felt it."

"Ah, but you didn't, did you?" he said, triumphant. He dropped the belt on his lap, and now all at once there was a brown shoelace dangling from his fingers. "And what about this, then?" he exclaimed, waving the shoelace.

"What about it?" I said.

"Anyone around 'ere missin' a shoelace?" he asked, grinning.

I glanced down at my shoes. The lace of one of them was missing. "Good grief!" I said. "How did you do that? I never saw you bending down."

"You never saw nothin'," he said proudly. "You never even saw me move an inch. And you know why?"

"Yes," I said. "Because you've got fantastic fingers."

Plötzlich hielt mein Fahrgast einen schwarzen Ledergürtel in der Hand. «Früher schon mal gesehen?» fragte er. Der Gürtel hatte eine ausgefallen gestaltete Messingschnalle.

«He!» sagte ich. «Der gehört mir, oder nicht? Es ist tatsächlich meiner. Wo haben Sie ihn her?»

Er grinste und wedelte mit dem Gürtel sacht von einer Seite zur anderen. «Wo glauben Sie denn, dass ich ihn her habe?» sagte er. «Von ihrer Hose herunter, natürlich.»

Ich langte hinunter und tastete nach meinem Gürtel. Er war weg.

«Sie wollen sagen, dass Sie ihn mir während der Fahrt abgenommen haben?» fragte ich entgeistert.

Er nickte und beobachtete mich die ganze Zeit mit diesen schwarzen Rattenäuglein.

«Das ist unmöglich», meinte ich. «Sie hätten die Schnalle aufmachen und das ganze Ding rundherum durch sämtliche Schlaufen herausziehen müssen. Dabei hätte ich Sie gesehen. Und selbst wenn ich Sie nicht gesehen hätte, hätte ich es gespürt.»

«Ah, Sie haben's aber nicht gespürt, oder?» sagte er mit Siegermiene. Er ließ den Gürtel auf seinen Schoß fallen, und jetzt baumelte auf einmal ein brauner Schnürsenkel von seinen Fingern. «Und was hat es damit auf sich?» rief er und wedelte mit dem Schuhband.

«Damit?» fragte ich.

«Vermisst hier jemand einen Schnürsenkel?» fragte er grinsend.

Ich warf einen Blick auf meine Schuhe. Am einen fehlte das Band. «Heiliger Strohsack!» sagte ich. «Wie haben Sie denn das gemacht? Ich sah doch gar nicht, dass Sie sich gebückt haben.»

«Sie haben nie was gesehen», verkündete er stolz. «Sie haben auch nicht gesehen, dass ich mich im Geringsten bewegte. Und wissen Sie warum?»

«Ja», sagte ich. «Weil Sie märchenhafte Finger haben.»

"Exactly right!" he cried. "You catch on pretty quick, don't you?" He sat back and sucked away at his home-made cigarette, blowing the smoke out in a thin stream against the windshield. He knew he had impressed me greatly with those two tricks, and this made him very happy. "I don't want to be late," he said. "What time is it?"

"There's a clock in front of you," I told him.

"I don't trust car clocks," he said. "What does your watch say?"

I hitched up my sleeve to look at the watch on my wrist. It wasn't there. I looked at the man. He looked back at me, grinning.

"You've taken that, too," I said.

He held out his hand and there was my watch lying in his palm. "Nice bit of stuff, this," he said. "Superior quality. Eighteen-carat gold. Easy to flog, too. It's never any trouble gettin' rid of quality goods."

"I'd like it back, if you don't mind," I said rather huffily.

He placed the watch carefully on the leather tray in front of him. "I wouldn't nick anything from you, guv'nor," he said. "You're my pal. You're giving me a lift."

"I'm glad to hear it," I said.

"All I'm doin' is answerin' your questions," he went on. "You asked me what I did for a livin' and I'm showin' you."

"What else have you got of mine?"

He smiled again, and now he started to take from the pocket of his jacket one thing after another that belonged to me – my driving-licence, a key-ring with four keys on it, some pound notes, a few coins, a letter from my publishers, my diary, a stubby old

«Stimmt genau!» rief er. «Sie kriegen das schnell mit, ja?» Er lehnte sich zurück, sog an seiner selbstgedrehten Zigarette und blies den Rauch in einem dünnen Strom gegen die Windschutzscheibe. Er wusste, dass er mich mit diesen beiden Tricks gewaltig beeindruckt hatte, und das machte ihn sehr glücklich. «Ich möchte nicht zu spät kommen», sagte er.» Wie spät ist es denn?«

«Vor Ihnen ist eine Uhr», antwortete ich.

«Auf Autouhren verlasse ich mich nicht. Wieviel ist es auf Ihrer Uhr?» wollte er wissen.

Ich schob meinen Ärmel hoch, um auf die Uhr an meinem Handgelenk zu schauen. Sie war nicht da. Ich sah den Mann an. Er sah mich an und grinste.

«Die haben Sie auch genommen», sagte ich.

Er streckte die Hand aus, und da lag meine Uhr in seiner Handfläche. «Ein hübsches Stück, das da», meinte er. «Hervorragende Qualität. Achtzehn Karat Gold. Auch leicht zu verkloppen. Es ist nie ein Problem, gute Ware los zu werden.»

«Wenn Sie nichts dagegen haben, möchte ich sie wieder haben», bemerkte ich ziemlich beleidigt.

Er legte die Uhr behutsam auf die Lederablage vor sich. «Von Ihnen, Chef, würde ich nie etwas mitgehen lassen», sagte er. «Sie sind mein Kumpel. Sie lassen mich mitfahren.»

«Das höre ich gern», sagte ich.

«Ich beantworte lediglich Ihre Fragen», fuhr er fort. «Sie wollten von mir wissen, womit ich meinen Lebensunterhalt bestreite, und ich zeige es Ihnen.»

«Was haben Sie sonst noch von mir?»

Er lächelte wieder, und jetzt nahm er aus seiner Jackentasche nacheinander lauter Sachen, die mir gehörten – meinen Führerschein, einen Schlüsselring mit vier Schlüsseln daran, ein paar Pfundnoten, etliche Münzen, einen Brief von meinem Verlag, mein Tagebuch, einen dicken alten Bleistift-

pencil, a cigarette-lighter, and last of all, a beautiful old sapphire ring with pearls around it belonging to my wife. I was taking the ring up to the jeweller in London because one of the pearls was missing.

"Now *there's* another lovely piece of goods," he said, turning the ring over in his fingers. "That's eighteenth century, if I'm not mistaken, from the reign of King George the Third."

"You're right," I said, impressed. "You're absolutely right."

He put the ring on the leather tray with the other items.

"So you're a pickpocket," I said.

"I don't like that word," he answered. "It's a coarse and vulgar word. Pickpockets is coarse and vulgar people who only do easy little amateur jobs. They lift money from blind old ladies."

"What do you call yourself, then?"

"Me? I'm a fingersmith. I'm a professional fingersmith." He spoke the words solemnly and proudly, as though he were telling me he was the President of the Royal College of Surgeons or the Archbishop of Canterbury.

"I've never heard that word before," I said. "Did you invent it?"

"Of course I didn't invent it," he replied. "It's the name given to them who's risen to the very top of the profession. You've 'eard of a goldsmith and a silversmith, for instance. They're experts with gold and silver. I'm an expert with my fingers, so I'm a fingersmith."

"It must be an interesting job."

"It's a marvellous job," he answered. "It's lovely."

"And that's why you go to races?"

"Race meetings is easy meat," he said. "You just

stummel, ein Feuerzeug, und als letztes einen schönen alten, ringsum mit Perlen besetzten Saphirring, der meiner Frau gehörte. Ich wollte den Ring zum Juwelier nach London mitnehmen, weil eine von den Perlen fehlte.

«Das *hier* ist wirklich ein weiteres prachtvolles Stück», sagte er, während er den Ring in seinen Fingern herumdrehte. «Das ist achtzehntes Jahrhundert, wenn ich mich nicht irre, aus der Zeit von König Georg dem Dritten.»

«Sie haben recht», antwortete ich und war beeindruckt. «Sie haben völlig recht.»

Er legte den Ring auf die Lederablage, zusammen mit den anderen Sachen.

«Sie sind also ein Taschendieb», bemerkte ich.

«Das Wort mag ich nicht», sagte er. «Es ist ein derbes und sehr gewöhnliches Wort. Taschendiebe sind derbe, sehr gewöhnliche Leute, die nur einfache Amateur-Sächelchen machen. Sie stehlen blinden alten Damen Geld.»

«Als was bezeichnen Sie sich denn selber?»

«Ich? Ich bin Fingerwerker. Ich bin von Beruf Fingerwerker.» Er sprach die Worte feierlich und stolz, als würde er mir sagen, er sei der Präsident der Königlichen Chirurgenakademie oder der Erzbischof von Canterbury.

«Dieses Wort habe ich noch nie gehört», sagte ich. «Haben Sie es erfunden?»

«Natürlich habe ich es nicht erfunden», erwiderte er. «Es ist die Bezeichnung für jemanden, der in diesem Beruf ganz an die Spitze gelangt ist. Sie kennen sonst den Ausdruck Handwerker. Es sind Fachleute, die mit den Händen arbeiten: Schreiner, Mechaniker, Goldschmiede [s. Anm.]. Ich bin Fachmann mit meinen Fingern, also bin ich Fingerwerker.»

«Es muss ein interessanter Beruf sein.»

«Es ist ein wunderbarer Beruf», antwortete er. «Er ist herrlich.»

«Und deshalb fahren Sie zu Pferderennen?»

«Pferdeleute sind leichte Beute», sagte er. «Man steht ein-

stand around after the race, watchin' for the lucky ones to queue up and draw their money. And when you see someone collectin' a big bundle of notes, you simply follow after 'im and 'elps yourself. But don't get me wrong, guv'nor. I never takes nothin' from a loser. Nor from poor people neither. I only go after them as can afford it, the winners and the rich."

"That's very thoughtful of you," I said. "How often do you get caught?"

"Caught?" he cried, disgusted. "*Me* get caught! It's only pickpockets get caught. Fingersmiths never. Listen, I could take the false teeth out of your mouth if I wanted to and you wouldn't even catch me!"

"I don't have false teeth," I said.

"I know you don't," he answered. "Otherwise I'd 'ave 'ad 'em out long ago!"

I believed him. Those long slim fingers of his seemed able to do anything.

We drove on for a while without talking.

"That policeman's going to check up on you pretty thoroughly," I said. "Doesn't that worry you a bit?"

"Nobody's chekin' up on me," he said.

"Of course they are. He's got your name and address written down most carefully in his black book."

The man gave me another of his sly, ratty little smiles. "Ah," he said. "So 'ee 'as. But I'll bet 'ee ain't got it all written down in 'is memory as well. I've never known a copper yet with a decent memory as well. Some of 'em can't even remember their own names."

"What's memory got to do with it?" I asked. "It's written down in his book, isn't it?"

fach nach dem Rennen beisammen und guckt zu, wenn die Glücklichen sich anstellen, um ihr Geld abzuholen. Und wenn man sieht, dass jemand ein dickes Bündel Scheine kassiert, folgt man ihm einfach und bedient sich. Aber verstehen Sie mich nicht falsch, Chef. Ich nehme nie einem Verlierer was weg. Auch nicht armen Leuten. Ich habe es nur auf die abgesehen, die sich's leisten könnten, die Gewinner und die Reichen.»

«Das ist sehr rücksichtsvoll von Ihnen», bemerkte ich. «Wie oft werden Sie erwischt?»

«Erwischt?» rief er und zeigte sich angewidert. «Ich und erwischt werden! Nur Taschendiebe werden erwischt. Fingerwerker niemals. Hören Sie mal, ich könnte Ihnen das falsche Gebiss aus dem Mund ziehen, wenn ich wollte, und Sie würden mich nicht einmal dabei ertappen!»

«Ich habe keine falschen Zähne», sagte ich.

«Das weiß ich», antwortete er. «Sonst hätte ich sie Ihnen längst herausgenommen.»

Ich glaubte ihm. Seine langen, dünnen Finger schienen alles fertig zu kriegen.

Eine Zeit lang fuhren wir dahin, ohne zu plaudern.

«Dieser Polizist wird Sie ja ziemlich gründlich durchleuchten», sagte ich. «Bekümmert Sie das nicht im Geringsten?»

«Niemand wird mich durchleuchten», sagte er.

«Natürlich wird man's tun. Der Polizist hat Ihren Namen samt Anschrift ganz sorgfältig in seinem schwarzen Buch notiert.»

Der Mann sah mich wieder mit seinem schlauen rattenhaften leichten Lächeln an. «Ach», sagte er. «Tatsächlich. Doch ich wette, dass er es in seinem Gedächtnis nicht ebenso gut aufgeschrieben hat. Ich habe nie einen Polizisten kennengelernt, der auch ein verlässliches Gedächtnis hatte. Einige können nicht einmal ihre eigenen Namen behalten.»

«Was hat das Gedächtnis damit zu tun?» wollte ich wissen. «Es steht doch in seinem Buch. Oder nicht?»

"Yes, guv'nor, it is. But the trouble is, 'ee's lost the book. 'Ee's lost both books, the one with my name in it *and* the one with yours."

In the long delicate fingers of his right hand, the man was holding up in triumph the two books he had taken from the policeman's pockets. "Easiest job I ever done," he announced proudly.

I nearly swerved the car into a milk-truck, I was so excited.

"That copper's got nothin' on either of us now," he said.

"You're a genius!" I cried.

"'E's got no names, no addresses, no car number, no nothin'," he said.

"You're brilliant!"

"I think you'd better pull in off this main road as soon as possible," he said. "Then we'd better build a little bonfire and burn these books."

"You're a fantastic fellow," I exclaimed.

"Thank you, guv'nor," he said. "It's always nice to be appreciated."

«Ja, Chef. Doch das Dumme ist: er hat das Buch verloren. Er hat beide Bücher verloren, das eine mit meinem Namen drin *und* das andere mit dem Ihren.»

In den langen, zarten Fingern seiner rechten Hand hielt der Mann mit Siegermiene die zwei Bücher in die Höhe, die er dem Polizisten aus der Tasche entwendet hatte. «Das Einfachste, was ich je getan habe», verkündete er stolz.

Beinahe hätte ich den Wagen von der Seite gegen einen Milchlaster gesteuert, so aufgeregt war ich.

«Dieser Polizist hat nichts, über keinen von uns beiden», bemerkte er.

«Sie sind ein Genie!» rief ich.

«Er hat keinen Namen, keine Anschriften, keine Wagennummern, rein gar nichts.»

«Sie sind hervorragend!»

«Ich glaube, es wäre besser, Sie verlassen die Hauptstrecke so bald wie möglich», sagte er. «Dann sollten wir ein kleines Freudenfeuer machen und die Bücher verbrennen.»

«Sie sind ein fabelhafter Kerl», rief ich aus.

«Dank schön, Chef», sagte er. «Es ist immer nett, wenn man Anerkennung findet.»

O. Henry: A Retrieved Reformation

A guard came to the prison shoe-shop, where Jimmy Valentine was assiduously stitching uppers, and escorted him to the front office. There the warden handed Jimmy his pardon, which had been signed that morning by the governor. Jimmy took it in a tired kind of way. He had served nearly ten months of a four-year sentence. He had expected to stay only about three months, at the longest. When a man with as many friends on the outside as Jimmy Valentine had is received in the "stir" it is hardly worth while to cut his hair.

"Now, Valentine," said the warden, "you'll go out in the morning. Brace up, and make a man of yourself. You're not a bad fellow at heart. Stop cracking safes, and live straight."

"Me?" said Jimmy, in surprise. "Why, I never cracked a safe in my life."

"Oh, no," laughed the warden. "Of course not. Let's see, now. How was it you happened to get sent up on that Springfield job? Was it because you wouldn't prove an alibi for fear of compromising somebody in extremely high-toned society? Or was it simply a case of a mean old jury that had it in for you? It's always one or the other with you innocent victims."

"Me?" said Jimmy, still blankly virtuous. "Why, warden, I never was in Springfield in my life!"

"Take him back, Cronin," smiled the warden, "and fix him up with outgoing clothes. Unlock him at seven in the morning, and let him come to the bull-pen. Better think over my advice, Valentine."

O. Henry: Eine wirkliche Läuterung

Ein Wärter kam in die Gefängnisschusterei, wo Jimmy Valentine fleißig Oberleder steppte, und führte ihn zum Hauptbüro. Dort händigte der Gefängnisdirektor Jimmy seine Begnadigung aus, die am Morgen vom Gouverneur unterzeichnet worden war. Jimmy nahm sie mit einer müden Geste entgegen. Er hatte fast zehn Monate von den vier Jahren verbüßt, zu denen er verurteilt worden war. Er hatte damit gerechnet, höchstens drei Monate absitzen zu müssen. Wenn ein Mann ins Kittchen kommt, der draußen so viele Freunde hat wie Jimmy Valentine, dann lohnt es sich kaum, ihm die Haare zu schneiden.

«Nun, Valentine», sagte der Direktor, «morgen früh verlassen Sie uns. Reißen Sie sich zusammen, werden Sie ein ordentlicher Mensch. Im Grund sind Sie kein schlechter Kerl. Knacken Sie keine Geldschränke mehr! Leben Sie ehrlich!»

«Ich?» fragte Jimmy erstaunt. «Wieso, ich habe in meinem Leben noch keinen Geldschrank geknackt.»

«O nein», lachte der Direktor. «Natürlich nicht. Denken wir mal nach! Wie kam es, dass man Sie wegen der Geschichte in Springfield eingelocht hat? Etwa deshalb, weil Sie aus Angst, jemand aus den höchsten Kreisen zu kompromittieren, kein Alibi erbringen wollten? Oder war ganz einfach das bitterböse Schwurgericht daran schuld, das auf Sie schlecht zu sprechen war? Es ist doch immer das eine oder das andere bei euch unschuldigen Opfern.»

«Ich?» sagte Jimmy, noch immer die Tugend selbst. «Wieso, Herr Direktor, ich war noch nie in Springfield!»

«Führen Sie ihn zurück, Cronin», sagte der Direktor lächelnd, «und verpassen Sie ihm einen Entlassungsanzug! Morgen früh um sieben Uhr sperren Sie seine Zelle auf und bringen ihn zur Personalstelle. Und Sie, Valentine, sollten sich meinen Rat durch den Kopf gehen lassen.»

At a quarter past seven on the next morning Jimmy stood in the warden's outer office. He had on a suit of the villainously fitting, ready-made clothes and a pair of the stiff, squeaky shoes that the state furnished to its discharged compulsory guests.

The clerk handed him a railroad ticket and the five-dollar bill with which the law expected him to rehabilitate himself into good citizenship and prosperity. The warden gave him a cigar, and shook hands. Valentine, 9762, was chronicled on the books "Pardoned by Governor," and Mr James Valentine walked out into the sunshine.

Disregarding the song of the birds, the waving green trees, and the smell of the flowers, Jimmy headed straight for a restaurant. There he tasted the first sweet joys of liberty in the shape of a broiled chicken and a bottle of white wine – followed by a cigar a grade better than the one the warden had given him. From there he proceeded leisurely to the depot. He tossed a quarter into the hat of a blind man sitting by the door, and boarded his train. Three hours set him down in a little town near the state line. He went to the café of one Mike Dolan and shook hands with Mike, who was alone behind the bar.

"Sorry we couldn't make it sooner, Jimmy, me boy," said Mike. "But we had that protest from Springfield to buck against, and the governor nearly balked. Feeling all right?"

"Fine," said Jimmy. "Got my key?"

He got his key and went upstairs, unlocking the door of a room at the rear. Everything was just as he had left it. There on the floor was still Ben Price's collar-button that had been torn from that eminent detective's shirt-band when they had overpowered Jimmy to arrest him.

Am nächsten Morgen um Viertel nach sieben stand Jimmy im Entlassungsbüro. Er trug so einen verheerend sitzenden Konfektionsanzug und so ein Paar harte, knarzende Schuhe, wie sie der Staat seinen unfreiwilligen Gästen bei ihrer Entlassung mitgibt.

Der Buchhalter überreichte ihm eine Eisenbahnfahrkarte und einen Fünfdollarschein, der ihm nach Ansicht des Gesetzes wieder zu Bürgersinn und Wohlstand verhelfen sollte. Der Direktor gab ihm eine Zigarre und schüttelte ihm die Hand. Valentine, Nr. 9762, bekam in den Büchern den Vermerk «Vom Gouverneur begnadigt», und Herr James Valentine trat hinaus in den Sonnenschein.

Ohne die singenden Vögel, die sich sanft wiegenden grünen Bäume und die duftenden Blumen zu beachten, steuerte Jimmy geradewegs auf ein Wirtshaus zu. Dort kostete er die ersten Genüsse der Freiheit in Form eines Brathuhnes und einer Flasche Weißwein, und darauf folgte eine Zigarre, die eine ganze Klasse besser war als die vom Gefängnisdirektor. Von hier aus spazierte er gemütlich zum Bahnhof. Er warf einen Vierteldollar in den Hut eines Blinden, der neben dem Eingang saß, und bestieg seinen Zug. Nach dreistündiger Fahrt stieg er in einer kleinen Stadt kurz vor der Staatsgrenze aus. Er ging in das Café eines gewissen Mike Dolan und schüttelte Mike, der allein hinter der Theke stand, die Hand.

«Wir konnten es leider nicht schneller schaffen, Jimmy, mein Junge», sagte Mike. «Wir mussten uns noch mit einem Einspruch aus Springfield rumschlagen, und der Gouverneur hätte beinahe Zicken gemacht. Geht's dir gut?»

«Prima», sagte Jimmy. «Hast du meinen Schlüssel?»

Er bekam seinen Schlüssel, ging nach oben und schloss die Tür zu einem rückwärtigen Zimmer auf. Alles war genau so, wie er es verlassen hatte. Auf dem Boden lag noch immer der Kragenknopf von Ben Price, der dem berühmten Kriminalbeamten vom Hemd abging, als Jimmy bei seiner Festnahme überwältigt wurde.

Pulling out from the wall a folding-bed, Jimmy slid back a panel in the wall and dragged out a dust-covered suit-case. He opened this and gazed fondly at the finest set of burglar's tools in the East. It was a complete set, made of specially tempered steel, the latest designs in drills, punches, braces and bits, jimmies, clamps, and augers, with two or three novelties invented by Jimmy himself, in which he took pride. Over nine hundred dollars they had cost him to have made at –, a place where they make such things for the profession.

In half an hour Jimmy went downstairs and through the café. He was now dressed in tasteful and well-fitting clothes, and carried his dusted and cleaned suit-case in his hand.

"Got anything on?" asked Mike Dolan, genially.

"Me?" said Jimmy, in a puzzled tone. "I don't understand. I'm representing the New York Amalgamated Short Snap Biscuit Cracker and Frazzled Wheat Company."

This statement delighted Mike to such an extent that Jimmy had to take a seltzer-and-milk on the spot. He never touched "hard" drinks.

A week after the release of Valentine, 9762, there was a neat job of safe-burglary done in Richmond, Indiana, with no clue to the author. A scant eight hundred dollars was all that was secured. Two weeks after that a patented, improved, burglar-proof safe in Logansport was opened like a cheese to the tune of fifteen hundred dollars, currency; securities and silver untouched. That began to interest the rogue-catchers. Then an old-fashioned bank-safe in Jefferson City became active and threw out of its crater an eruption of bank-notes amounting to five thousand dollars. The losses were now high enough to bring

Jimmy zog ein Klappbett aus der Wand, schob ein Stück der Wandtäfelung zurück und zerrte einen staubbedeckten Koffer heraus. Er öffnete ihn und betrachtete mit zärtlichen Blicken den schönsten Satz von Einbrecherwerkzeugen, den es im ganzen Osten gab. Es war ein vollständiger Satz aus speziell gehärtetem Stahl, mit den neuesten Modellen von Bohrern, Locheisen, Bohrwinden, Stemmeisen, Zwingen und Holzbohrern, darunter auch zwei oder drei Neuheiten, die Jimmy selbst erfunden hatte und auf die er gehörig stolz war. Über neunhundert Dollar zahlte er dafür bei – nun, wo man eben solche Werkzeuge für einschlägige Berufe herstellt.

Eine halbe Stunde später ging Jimmy hinunter und schritt durch das Café. Er trug jetzt geschmackvolle gutsitzende Kleidung, und in der Hand hielt er seinen vom Staub und Schmutz gereinigten Koffer.

«Hast du was vor?» fragte Mike wohlwollend.

«Ich?» sagte Jimmy im Tone der Verwunderung. «Ich verstehe nicht. Ich bin Vertreter für die New Yorker Vereinigten Knabberpause-Knusperkeks- und Weizenflocken-Werke.»

Dieser Ausspruch ergötzte Mike dermaßen, dass er Jimmy auf der Stelle einen Milchcocktail spendierte. Jimmy trank nie scharfe Sachen.

Eine Woche nach der Entlassung von Valentine, Nr. 9762, wurde ein geschickter Safeeinbruch in Richmond, Indiana, verübt. Vom Täter keine Spur. Freilich wurden nur knapp achthundert Dollar erbeutet. Vierzehn Tage darauf wurde in Logansport ein mehrfach verbesserter einbruchsicherer Patentsafe wie Käse aufgeschnitten, wobei dem Täter bare fünfzehnhundert Dollar in die Hände fielen; Wertpapiere und Silber blieben unberührt. Das begann die Spitzbubenfänger zu interessieren. Dann wurde ein altmodischer Banksafe in Jefferson City tätig und spuckte bei seinem Ausbruch Banknoten in Höhe von fünftausend Dollar aus seinem Krater. Die Einbußen waren nunmehr so hoch geworden, dass die Angelegenheit in den Zuständigkeitsbereich von Ben Price

the matter up into Ben Price's class of work. By comparing notes, a remarkable similarity in the methods of the burglaries was noticed. Ben Price investigated the scenes of the robberies, and was heard to remark:

"That's Dandy Jim Valentine's autograph. He's resumed business. Look at the combination knob – jerked out as easy as pulling up a radish in wet weather. He's got the only clamps that can do it. And look how clean those tumblers were punched out! Jimmy never has to drill but one hole. Yes, I guess I want Mr Valentine. He'll do his bit next time without any short-time or clemency foolishness."

Ben Price knew Jimmy's habits. He had learned them while working up the Springfield case. Long jumps, quick get-aways, no confederates, and a taste for good society – these ways had helped Mr Valentine to become noted as a successful dodger of retribution. It was given out that Ben Price had taken up the trail of the elusive cracksman, and other people with burglar-proof safes felt more at ease.

One afternoon Jimmy Valentine and his suit-case climbed out of the mail-hack in Elmore, a little town five miles off the railroad down in the black-jack country of Arkansas. Jimmy, looking like an athletic young senior just home from college, went down the board sidewalk toward the hotel.

A young lady crossed the street, passed him at the corner and entered a door over which was the sign "The Elmore Bank". Jimmy Valentine looked into her eyes, forgot what he was, and became another man. She lowered her eyes and coloured slightly. Young men of Jimmy's style and looks were scarce in Elmore.

rückte. Bei einem Vergleich der Ermittlungsergebnisse stellte man eine auffallende Ähnlichkeit der Einbruchsmethoden fest. Ben Price untersuchte die Tatorte, und die Umstehenden hörten ihn sagen:

«Das ist die Handschrift des feinen Herrn Jim Valentine. Er hat seine Tätigkeit wieder aufgenommen. Sehen Sie dieses Kombinationsschloss – einfach rausgerissen wie ein Rettich bei nassem Wetter. Er allein hat die Zwingen dazu. Und sehen Sie, wie sauber diese Verriegelungen herausgemeißelt wurden! Jimmy braucht nie mehr als ein Loch zu bohren. Ja, ich schätze, ich muss Mr Valentine suchen. Das nächste Mal brummt er aber ohne Strafnachlass- und Begnadigungsunfug!»

Ben Price kannte Jims Gewohnheiten. Er hatte sie kennengelernt, als er den Springfield-Fall bearbeitete. Starke Ortswechsel nach rascher Flucht, Verzicht auf Komplizen und eine Vorliebe für bessere Gesellschaft – all dies hatte Mr Valentine zu dem Ruf verholfen, jederzeit dem Gesetz ein Schnippchen schlagen zu können. Es wurde verlautbart, dass Ben Price die Spur des flüchtigen Einbrechers aufgenommen hatte, und andere Leute mit einbruchsicheren Safes atmeten auf.

An einem Nachmittag kletterte Jimmy Valentine nebst Koffer aus der Postkutsche in Elmore, einer kleinen Stadt fünf Meilen von der nächsten Bahnstation entfernt drunten im Bergbaugebiet von Arkansas. Jimmy, der wie ein athletischer, eben vom College heimkommender Examenskandidat aussah, ging den breiten Bürgersteig entlang auf das Hotel zu.

Eine junge Dame überquerte die Straße, begegnete ihm an der Ecke und ging durch eine Tür, über der «The Elmore Bank» zu lesen war. Jimmy Valentine sah ihr in die Augen, vergaß, was er war, und wurde ein neuer Mensch. Sie schlug die Augen nieder und errötete leicht. Junge Männer, die so aussahen und so angezogen waren wie Jimmy, waren in Elmore selten.

Jimmy collared a boy that was loafing on the steps of the bank as if he were one of the stock-holders, and began to ask him questions about the town, feeding him dimes at intervals. By and by the young lady came out, looking royally uncon-scious of the young man with the suit-case, and went her way.

"Isn't that young lady Miss Polly Simpson?" asked Jimmy, with specious guile.

"Naw," said the boy. "She's Annabel Adams. Her pa owns this bank. What'd you come to Elmore for? Is that a gold watch-chain? I'm going to get a bull-dog. Got any more dimes?"

Jimmy went to the Planters' Hotel, registered as Ralph D. Spencer, and engaged a room. He leaned on the desk and declared his platform to the clerk. He said he had come to Elmore to look for a loca-tion to go into business. How was the shoe business, now, in the town? He had thought of the shoe busi-ness. Was there an opening?

The clerk was impressed by the clothes and man-ner of Jimmy. He, himself, was something of a pat-tern of fashion to the thinly gilded youth of Elmore, but he now perceived his shortcomings. While trying to figure out Jimmy's manner of tying his four-in-hand he cordially gave information.

Yes, there ought to be a good opening in the shoe line. There wasn't an exclusive shoe-store in the place. The drygoods and general stores handled them. Business in all lines was fairly good. Hoped Mr Spencer would decide to locate in Elmore. He would find it a pleasant town to live in, and the people very sociable.

Mr Spencer thought he would stop over in the town a few days and look over the situation. No, the

Jimmy schnappte sich einen Jungen, der auf den Stufen der Bank herumlungerte, als wäre er dort Aktionär, und begann ihn über die Stadt auszufragen, wobei er ihm hin und wieder einen Groschen zusteckte. Bald kam die junge Dame wieder heraus und ging ihres Weges; sie schien in ihrer Unnahbarkeit von dem jungen Mann mit dem Koffer keine Notiz zu nehmen.

«Ist diese junge Dame nicht Miss Polly Simpson?» fragte Jimmy mit harmlos anmutender Gerissenheit.

«Nee», sagte der Junge, «das ist Annabel Adams. Ihrem Papa gehört diese Bank. Warum sind Sie nach Elmore gekommen? Ist Ihre Uhrkette aus Gold? Ich will mir eine Bulldogge kaufen. Haben Sie noch ein paar Groschen übrig?»

Jimmy ging in das Planter's Hotel, trug sich als Ralph D. Spencer ein und nahm ein Zimmer. Er lehnte sich über den Empfangstisch und erklärte dem Portier sein Programm. Er sagte, er sei nach Elmore gekommen, um sich nach einer guten Geschäftslage für einen Laden umzuschauen. Wie ging denn etwa das Schuhgeschäft in der Stadt? Er hatte an ein Schuhgeschäft gedacht. War da wohl etwas zu machen?

Der Portier war von Jimmys Kleidung und Auftreten beeindruckt. Er selbst war für die etwas klägliche Jeunesse dorée von Elmore eine Art Vorbild der Eleganz, aber jetzt entdeckte er seine eigenen Unzulänglichkeiten. Während er herauszubringen versuchte, wie Jimmy wohl sein Halstuch band, gab er zuvorkommend die gewünschten Auskünfte.

Ja, in der Schuhbranche müssten die Aussichten gut sein. Es gab kein Spezialgeschäft am Platze. Schuhe wurden von Kurzwarenhändlern und Krämern geführt. Die Geschäfte gingen auf allen Gebieten recht ordentlich. Hoffentlich könne sich Mr Spencer entschließen, in Elmore zu bleiben. Er werde sehen, wie gut es sich hier leben lasse und wie umgänglich die Leute seien.

Mr Spencer gedachte ein paar Tage in der Stadt zu bleiben, um die Lage zu erkunden. Nein, der Portier brauche nicht den

clerk needn't call the boy. He would carry up his
suit-case himself; it was rather heavy.

Mr Ralph Spencer, the phoenix that arose from
Jimmy Valentine's ashes – ashes left by the flame
of a sudden and alternative attack of love – remained
in Elmore, and prospered. He opened a shoe-store
and secured a good run of trade.

Socially he was also a success, and made many
friends. And he accomplished the wish of his heart.
He met Miss Annabel Adams, and became more
and more captivated by her charms.

At the end of a year the situation of Mr Ralph
Spencer was this: he had won the respect of the community, his shoe-store was flourishing, and he and
Annabel were engaged to be married in two weeks.
Mr Adams, the typical plodding country banker,
approved of Spencer. Annabel's pride in him almost
equalled her affection. He was as much at home
in the family of Mr Adams and that of Annabel's
married sister as if he were already a member.

One day Jimmy sat down in his room and wrote
this letter, which he mailed to the safe address of
one of his old friends in St. Louis:

Dear Old Pal: I want you to be at Sullivan's place,
in Little Rock, next Wednesday night at nine
o'clock. I want you to wind up some little matters
for me. And, also, I want to make you a present of
my kit of tools. I know you'll be glad to get them –
you couldn't duplicate the lot for a thousand dollars.
Say, Billy, I've quit the old business – a year ago.
I've got a nice store. I'm making an honest living,
and I'm going to marry the finest girl on earth
two weeks from now. It's the only life, Billy – the
straight one. I wouldn't touch a dollar of another

Boy zu rufen. Er wolle seinen Koffer selber hinauftragen; der sei nämlich ordentlich schwer.

Mr Ralph Spencer, der Phönix, der aus der Asche Jimmy Valentines emporgestiegen war – aus einer Asche, welche die Flamme einer plötzlichen, läuternden Liebe zurückgelassen hatte – blieb in Elmore und hatte Erfolg. Er eröffnete einen Schuhladen und machte gute Geschäfte.

Auch gesellschaftlich war er ein Erfolg, und er schloss viele Freundschaften. Dazu erfüllte sich die Sehnsucht seines Herzens. Er lernte Miss Annabel Adams kennen und ließ sich mehr und mehr von ihren Reizen fesseln.

Ein Jahr später befand sich Mr Ralph Spencer in folgender Situation: Er hatte sich Ansehen unter seinen Mitbürgern erworben, sein Schuhgeschäft florierte, Annabel und er waren verlobt und sollten in zwei Wochen heiraten. Mr Adams, der Typ des schwer arbeitenden Kleinstadtbankiers, war mit Spencer einverstanden. Annabels Stolz auf ihn war fast ebenso groß wie ihre Liebe. Er war bei den Adams und in der Familie von Annabels verheirateter Schwester so zu Hause, als gehöre er schon zu ihnen.

Eines Tages setzte sich Jimmy in sein Zimmer und schrieb folgenden Brief, den er an die sichere Adresse von einem seiner alten Freunde in St. Louis schickte:

Lieber alter Freund! Ich möchte Dich gern am nächsten Mittwoch abends um neun Uhr im Gasthaus von Sullivan in Little Rock treffen. Ich möchte Dich bitten, ein paar kleine Angelegenheiten für mich zu erledigen. Außerdem möchte ich Dir meinen Werkzeugkasten schenken. Ich weiß, dass Du Dich darüber freuen wirst – so einen Satz fertigt dir für tausend Dollar keiner nach. Hör zu, Billy, ich habe das alte Geschäft an den Nagel gehängt – schon vor einem Jahr. Ich habe einen hübschen Laden. Ich ernähre mich auf ehrliche Weise, und heute in vierzehn Tagen heirate ich das beste Mädchen der Welt. Das ist das einzig richtige, Billy – ein ehrliches Leben.

man's money now for a million. After I get married
I'm going to sell out and go West, where there
won't be so much danger of having old scores
brought up against me. I tell you, Billy, she's an
angel. She believes in me; and I wouldn't do another
crooked thing for the whole world. Be sure to be
at Sully's for I must see you. I'll bring along the
tools with me.

                    Your old friend, Jimmy.

On the Monday night after Jimmy wrote this letter
Ben Price jogged unobtrusively into Elmore in a
livery buggy. He lounged about town in his quiet
way until he found out what he wanted to know.
From the drugstore across the street from Spencer's
shoe-store he got a good look at Ralph D. Spencer.

"Going to marry the banker's daughter are you,
Jimmy?" said Ben to himself, softly. "Well, I don't
know!"

The next morning Jimmy took breakfast at the
Adamses. He was going to Little Rock that day to
order his wedding-suit and buy something nice for
Annabel. That would be the first time he had left
town since he came to Elmore. It had been more
than a year now since those last professional "jobs,"
and he thought he could safely venture out.

After breakfast quite a family party went down
town together – Mr Adams, Annabel, Jimmy, and
Annabel's married sister with her two little girls,
aged five and nine. They came by the hotel where
Jimmy still boarded, and he ran up to his room and
brought along his suit-case. Then they went on to
the bank. There stood Jimmy's horse and buggy and
Dolph Gibson, who was going to drive him over to
the railroad station.

Nicht für eine Million würde ich jetzt einem anderen auch nur einen Dollar wegnehmen. Nach meiner Heirat will ich hier alles verkaufen und in den Westen gehen, wo weniger Gefahr besteht, dass man mir alte Rechnungen präsentiert. Ich sage Dir, Billy, sie ist ein Engel. Sie glaubt an mich, und für nichts auf der Welt würde ich wieder ein krummes Ding drehen. Vergiss nicht, zu Sully zu kommen, denn ich muss Dich sprechen. Ich bringe die Werkzeuge mit.

Dein alter Freund Jimmy

Am nächsten Montagabend, nachdem Jimmy seinen Brief geschrieben hatte, trudelte Ben Price unauffällig mit einer gemieteten Kutsche in Elmore ein. Er schlenderte in seiner ruhigen Art in der Stadt umher, bis er herausgebracht hatte, was er wissen wollte. Von einem Drugstore aus, der gegenüber Spencers Schuhladen auf der anderen Straßenseite lag, konnte er Ralph D. Spencer genau in Augenschein nehmen.

«Du willst also die Tochter des Bankers heiraten, Jimmy?» murmelte Ben leise vor sich hin. «Na, ich weiß nicht recht!»

Am folgenden Morgen frühstückte Jimmy bei Adams. Er wollte an diesem Tag nach Little Rock fahren, um seinen Hochzeitsanzug zu bestellen und etwas Hübsches für Annabel zu kaufen. Seit seiner Ankunft in Elmore würde er damit zum ersten Mal die Stadt verlassen. Es war jetzt über ein Jahr her, seit er seinen «Beruf» zum letzten Mal ausgeübt hatte, und so glaubte er, sich gefahrlos hinauswagen zu können.

Nach dem Frühstück fuhr eine ganze Familienversammlung gemeinsam in die Stadt – Mr Adams, Annabel, Jimmy und Annabels verheiratete Schwester mit ihren beiden Töchterchen im Alter von fünf und neun Jahren. Sie kamen an dem Hotel vorbei, in dem Jimmy noch immer wohnte, und er rannte in sein Zimmer hinauf und holte seinen Koffer herunter. Dann gingen sie alle weiter zur Bank. Dort stand schon Jimmys Pferdewagen und Dolph Gibson, der ihn zum Bahnhof fahren sollte.

All went inside the high, carved oak railings into the banking-room – Jimmy included, for Mr Adams's future son-in-law was welcome anywhere. The clerks were pleased to be greeted by the good-looking, agreeable young man who was going to marry Miss Annabel. Jimmy set his suit-case down. Annabel, whose heart was bubbling with happiness and lively youth, put on Jimmy's hat and picked up the suit-case. "Wouldn't I make a nice drummer?" said Annabel. "My! Ralph, how heavy it is. Feels like it was full of gold bricks."

"Lot of nickel-plated shoe-horns in there," said Jimmy, coolly," that I'm going to return. Thought I'd save express charges by taking them up. I'm getting awfully economical."

The Elmore Bank had just put in a new safe and vault. Mr Adams was very proud of it, and insisted on an inspection by every one. The vault was a small one, but it had a new patented door. It fastened with three solid steel bolts thrown simultaneously with a single handle, and a time-lock. Mr Adams beamingly explained its working to Mr Spencer, who showed a courteous but not too intelligent interest. The two children, May and Agatha, were delighted by the shining metal and funny clock and knobs.

While they were thus engaged Ben Price sauntered in and leaned on his elbow, looking casually inside between the railings. He told the teller that he didn't want anything; he was just waiting for a man he knew.

Suddenly there was a scream or two from the women, and a commotion. Unperceived by the elders, May, the nine-year-old girl, in a spirit of play, had shut Agatha in the vault. She had then

Sie gingen alle zwischen den hohen geschnitzten Eichengittern hindurch in den inneren Bankraum – auch Jimmy, denn Mr Adams zukünftiger Schwiegersohn war überall willkommen. Die Bankbeamten freuten sich über den Gruß des gutaussehenden, netten jungen Mannes, der Miss Annabel heiraten würde. Jimmy setzte seinen Koffer ab. Annabel, deren Herz vor Glück und jugendlicher Ausgelassenheit überschäumte, setzte Jimmys Hut auf und hob den Koffer hoch. «Wäre ich nicht ein flotter Vertreter?» sagte sie. «Um Himmels Willen, Ralph, wie schwer er ist. Man möchte meinen, er wäre voller Goldbarren.»

«Eine ganze Menge vernickelter Schuhlöffel ist drin», sagte Jimmy kaltblütig. «Die will ich wieder zurückgeben. Ich dachte, ich spare mir das Porto, wenn ich sie persönlich hinbringe. Ich bin dabei, unheimlich sparsam zu werden.»

Die Elmore-Bank hatte sich eben erst einen neuen Safe und eine neue Stahlkammer einbauen lassen. Mr Adams war sehr stolz und bestand darauf, jedem alles zu zeigen. Die Stahlkammer war klein, hatte aber eine neue Patent-Tür. Diese Tür wurde durch drei massive Stahlbolzen, die alle zugleich mit einem einzigen Handgriff zu bewegen waren, verschlossen und besaß ein Uhrwerkschloss. Mr Adams strahlte, als er ihren Mechanismus Mr Spencer erklärte, der ein höfliches, aber nicht allzu sachkundiges Interesse zeigte. Die beiden Kinder, May und Agatha, hatten ihren Spaß an dem blinkenden Metall, dem komischen Uhrwerk und den Knöpfen.

Während so alles mit der Stahlkammer beschäftigt war, kam Ben Price hereinspaziert, stützte sich mit dem Ellbogen an die Wand und schaute ab und zu durchs Gitter hinein. Zum Kassenbeamten sagte er, dass er nichts wolle; er warte nur auf einen Bekannten.

Auf einmal schrien die Frauen auf, und es entstand ein Durcheinander. Unbemerkt von den Erwachsenen hatte May, die Neunjährige, aus spielerischem Übermut Agatha in die Stahlkammer eingeschlossen. Dann hatte sie die Bolzen vor-

shot the bolts and turned the knob of the combination as she had seen Mr Adams do.

The old banker sprang to the handle and tugged at it for a moment. "The door can't be opened," he groaned. "The clock hasn't been wound nor the combination set."

Agatha's mother screamed again, hysterically.

"Hush!" said Mr Adams, raising his trembling hand. "All be quiet for a moment. Agatha!" he called as loudly as he could. "Listen to me." During the following silence they could just hear the faint sound of the child wildly shrieking in the dark vault in a panic of terror.

"My precious darling!" wailed the mother. "She will die of fright! Open the door! Oh, break it open! Can't you men do something?"

"There isn't a man nearer than Little Rock who can open that door," said Mr Adams, in a shaky voice. "My God! Spencer, what shall we do? That child – she can't stand it long in there. There isn't enough air, and, besides, she'll go into convulsions from fright."

Agatha's mother, frantic now, beat the door of the vault with her hands. Somebody wildly suggested dynamite. Annabel turned to Jimmy, her large eyes full of anguish, but not yet despairing. To a woman nothing seems quite impossible to the powers of the man she worships.

"Can't you do something, Ralph – *try*, won't you?"

He looked at her with a queer, soft smile on his lips and in his keen eyes.

"Annabel," he said, "give me that rose you are wearing, will you?"

Hardly believing that she heard him aright, she unpinned the bud from the bosom of her dress, and

geschoben und den Knopf des Kombinationsschlosses gedreht, wie sie es bei Mr Adams gesehen hatte.

Der alte Bankier sprang hinzu und rüttelte einen Augenblick am Griff. «Die Tür lässt sich nicht öffnen», stöhnte er. «Das Uhrwerk ist nicht aufgezogen und die Kombination nicht eingestellt.»

Agathas Mutter begann von neuem hysterisch zu schreien. «Still!» sagte Mr Adams und hob seine zitternde Hand. «Seid mal alle einen Moment ruhig. Agatha!» rief er so laut er konnte. «Hör mir zu!» In der folgenden Stille hörte man nur schwach das wilde Schreien des Kindes, das die dunkle Kammer in einen panischen Schrecken versetzt hatte.

«Mein geliebtes Kind!» jammerte die Mutter. «Sie wird vor Angst sterben! Macht die Tür auf! Brecht sie doch auf! Könnt ihr Männer denn nicht irgend etwas tun?»

«Näher als in Little Rock gibt es niemand, der diese Tür öffnen könnte», sagte Mr Adams mit zittriger Stimme. «Mein Gott! Spencer, was sollen wir tun? Das Kind – sie kann es nicht lange darin aushalten. Sie bekommt nicht genug Luft, und außerdem fällt sie ja in Angstkrämpfe!»

Agathas Mutter schlug jetzt in wilder Verzweiflung mit den Händen gegen die Tür der Stahlkammer. Irgend jemand machte den verrückten Vorschlag, es mit Dynamit zu versuchen. Annabel wandte sich Jimmy zu, in ihren großen Augen stand die Angst, aber noch nicht die Verzweiflung. Eine Frau hat ja ein fast grenzenloses Vertrauen zu den Fähigkeiten des Mannes, den sie liebt.

«Kannst du nicht was tun, Ralph – wenigstens versuchen?»

Er sah sie an mit einem sonderbaren zärtlichen Lächeln auf den Lippen und in den hellen Augen.

«Annabel», sagte er, «willst du mir bitte die Rose geben, die du angesteckt hast?»

Sie konnte kaum glauben, dass sie richtig verstanden hatte, aber sie löste die Knospe von ihrem Kleid und gab sie ihm in

placed it in his hand. Jimmy stuffed it into his vest-pocket, threw off his coat and pulled up his shirt-sleeves. With that act Ralph D. Spencer passed away and Jimmy Valentine took his place.

"Get away from the door, all of you," he commanded, shortly.

He set his suit-case on the table, and opened it out flat. From that time on he seemed to be unconscious of the presence of any one else. He laid out the shining, queer instruments swiftly and orderly, whistling softly to himself as he always did when at work. In a deep silence and immovable, the others watched him as if under a spell.

In a minute Jimmy's pet drill was biting smoothly into the steel door. In ten minutes – breaking his own burglarious record – he threw back the bolts and opened the door.

Agatha, almost collapsed, but safe, was gathered into her mother's arms.

Jimmy Valentine put on his coat, and walked outside the railings toward the front door. As he went he thought he heard a far-away voice that he once knew call "Ralph!" But he never hesitated.

At the door a big man stood somewhat in his way.

"Hello, Ben!" said Jimmy, still with his strange smile. "Got around at last, have you? Well, let's go. I don't know that it makes much difference, now."

And then Ben Price acted rather strangely.

"Guess you're mistaken, Mr Spencer," he said. "Don't believe I recognize you. Your buggy's waiting for you, ain't it?"

And Ben Price turned and strolled down the street.

die Hand. Jimmy steckte sie in seine Westentasche, zog seine Jacke aus und krempelte die Hemdsärmel hoch. Mit dieser Geste verschwand Ralph D. Spencer und machte Jimmy Valentine Platz.

«Tretet ihr alle mal von der Tür zurück», befahl er kurz.

Er stellte seinen Koffer auf den Tisch und klappte ihn flach auseinander. Von nun an schien er die Anwesenheit der anderen nicht mehr zu bemerken. Er legte sich die blinkenden merkwürdigen Werkzeuge flink und ordentlich zurecht und pfiff leise vor sich hin, wie er es immer bei der Arbeit tat. Wie gebannt beobachteten ihn die anderen, schweigend und unbeweglich.

Innerhalb einer Minute fraß sich Jimmys Lieblingsbohrer weich in die Stahltür. Nach zehn Minuten – damit brach er seinen eigenen Einbrecherrekord – schob er die Bolzen zurück und öffnete die Tür.

Agatha, fast ohnmächtig, aber unversehrt, wurde von ihrer Mutter in die Arme geschlossen.

Jimmy Valentine zog seine Jacke an und ging zwischen den Gittern hindurch zur Eingangstür. Während er ging, war ihm, als hörte er in weiter Ferne eine ihm einst bekannte Stimme «Ralph!» rufen. Aber er zögerte keinen Augenblick.

An der Tür vertrat ihm ein großer Mann beinahe den Weg.

«Hallo, Ben!» sagte Jimmy, immer noch mit seinem sonderbaren Lächeln. «Haben Sie mich endlich erwischt? Na schön, gehen wir. Es macht mir jetzt auch nichts mehr aus.»

Und dann tat Ben Price etwas sehr Merkwürdiges.

«Sie müssen sich irren, Mr Spencer», sagte er, «ich glaube nicht, dass ich Sie kenne. Ihr Wagen wartet doch auf Sie, nicht wahr?»

Und Ben Price machte kehrt und schlenderte die Straße hinunter.

Mrs Henry de la Pasture: Kidnapping

The Duke of Pontypool always made a point of being extremely civil to his neighbours, but he was not fond of driving, so when the Duchess set out to call on Mr and Mrs Chubb, he said it would be a good opportunity for him to take a long walk, and that he would therefore follow her on foot.

The day was warm, and the Duke was both hot and tired by the time he entered the gates of the park; so that, although he was a very dignified man, he determined to rest himself for a moment by the road-side and mop his brow; but since he felt it would not do for him to be seen thus engaged, he picked his way carefully into a retired hollow and there sank down upon the turf.

Scarcely was he seated when he heard a faint gurgling sound, and without any further warning Josephus – who had been nearest the edge of the mossy slope whereon he and Jane had been laid by their elder sister Matilda – rolled suddenly down the bank and into the daisies and buttercups at the Duke's feet; and there he lay blinking at the sky.

The Duke was naturally startled, and being unaccustomed to babies (for he had no children of his own), he did not know what to do; but he was not to be frightened out of his native courtesy, so he asked Josephus whether he had hurt himself, as politely as possible.

Josephus, being only eleven weeks old, of course made no reply to this inquiry, but he had a momentary spasm which the Duke mistook for a smile, and his questioner therefore came to the conclusion that his sudden descent had left him uninjured.

Mrs Henry de la Pasture: Kindesraub

Der Herzog von Pontypool legte stets Wert darauf, zu seinen
Nachbarn äußerst höflich zu sein, aber er fuhr nicht gern aus.
Als daher die Herzogin sich anschickte, Mr und Mrs Chubb
zu besuchen, sagte er, es wäre für ihn eine gute Gelegenheit,
einen langen Spaziergang zu machen; er würde ihr deshalb
zu Fuß folgen.

Es war ein warmer Tag, und dem Herzog war sehr heiß;
außerdem war er müde, als er durch die Tore des Parkes trat,
so dass er, obschon er ein sehr würdevoller Mann war, sich
entschloss, am Straßenrand ein Weilchen zu rasten und sich
die Stirn abzuwischen; weil er aber spürte, dass es unpassend
wäre, dabei gesehen zu werden, schlich er sich vorsichtig
in eine verborgene Mulde und ließ sich dort auf dem Rasen
nieder.

Kaum saß er, als er ein schwaches Gurgeln vernahm, und
ohne weitere Warnung rollte Josephus – er war dem Rand
des bemoosten Abhangs am nächsten gewesen, auf den er
und Jane von ihrer älteren Schwester Matilda gelegt worden
waren – plötzlich die Böschung hinunter in die Gänseblüm-
chen und Butterblumen, dem Herzog vor die Füße; da lag
er nun und blinzelte zum Himmel empor.

Der Herzog war natürlich aufgeschreckt, und da er an
Kleinkinder nicht gewöhnt war (denn er hatte keine eigenen
Kinder), wusste er nicht, was er tun sollte; doch seine ange-
borene Verbindlichkeit konnte ihm auch der Schreck nicht
austreiben; daher fragte er Josephus so höflich wie möglich,
ob er sich verletzt habe.

Selbstverständlich erwiderte Josephus, der ja erst elf Wochen alt war, nichts darauf, doch er zuckte einmal flüchtig,
was der Herzog irrtümlicherweise für ein Lächeln hielt; der
Fragesteller gelangte daher zu der Schlussfolgerung, der
Knirps habe seine jähe Rutschpartie unverletzt überstanden.

"I suppose he is too young to speak," said the Duke. "This is a very sad case. Evidently he has been decoyed to this secluded spot, robbed of his clothes, and deserted. But his being unable to talk will complicate matters very much. In common humanity I must do what I can for him. I can't leave him here. Yet it will look extremely odd if I arrive to pay an afternoon call with a baby in my arms. In my position it is really not to be thought of. I wonder if he can walk?"

The Duke picked up Josephus very gingerly, and gently supporting him with one hand, endeavoured to place his feet on the ground with the other.

Josephus immediately had another spasm; his head rolled from side to side, and his knees doubled up underneath him.

"He can't even stand," thought the Duke, much distressed. "What can I do? I shall have to carry him, and he is so slippery I would as soon, or far sooner, carry a live fish. I must wrap him up in something."

So he laid Josephus on the turf, and rolled him up as neatly as he could in his silk pocket-handkerchief, tying it in a knot round his middle.

"After all, he looks almost like a parcel. I dare say even if I meet anyone, they won't notice that there is a head sticking out at one end and two feet at the other. The little creature appears to have a peculiarly placid disposition, that is one comfort. I couldn't possibly attempt to carry him at all if he began to wriggle."

In fact, only the Duke's extreme kindness of heart (which was generally concealed from the world by a fiery manner) could possibly have made him carry a parcel of any kind, such was his care for his personal dignity.

«Ich nehme an, dass er zu jung zum Sprechen ist», meinte der Herzog. «Das ist eine sehr traurige Geschichte. Offensichtlich ist er an diese abgelegene Stelle gelockt, seiner Kleider beraubt und liegengelassen worden. Aber dass er nicht reden kann, erschwert die Sache sehr. Die bloße Menschenliebe gebietet mir, für ihn zu tun, was ich kann. Ich kann ihn nicht hierlassen. Doch es wird äußerst befremdlich wirken, wenn ich zu einem Nachmittagsbesuch mit einem Kleinkind auf den Armen erscheine. Daran ist in meiner Stellung wirklich nicht zu denken. Ob er wohl laufen kann?»

Der Herzog hob Josephus sehr behutsam auf, stützte ihn sachte mit einer Hand und bemühte sich mit der anderen, seine Füße auf den Boden zu stellen.

Gleich zuckte Josephus wieder; sein Kopf rollte von einer Seite zur anderen, und seine Knie knickten unter ihm weg.

«Er kann nicht einmal stehen», dachte der Herzog und war sehr bekümmert. «Was kann ich tun? Ich werde ihn tragen müssen, und er ist doch so glatt, dass ich ebenso gern oder viel lieber einen lebenden Fisch tragen würde. Ich muss ihn in etwas einwickeln.»

So legte er Josephus auf den Rasen und rollte ihn so geschickt wie er konnte in sein seidenes Taschentuch und verknotete es in der Körpermitte.

«Schließlich sieht er fast wie ein Paket aus. Selbst wenn ich jemandem begegne, wird man vermutlich nicht bemerken, dass da an einem Ende ein Kopf herausschaut und am anderen Ende zwei Füße. Das kleine Geschöpf scheint besonders still veranlagt sein; das ist ein Trost. Möglicherweise könnte ich nicht versuchen, es überhaupt zu tragen, wenn es anfinge, sich hin und her zu winden.»

In der Tat hatte vielleicht nur die ungewöhnliche Herzensgüte des Herzogs (die im allgemeinen durch ein aufbrausendes Wesen vor der Welt verborgen blieb) ihn veranlassen können, überhaupt ein Paket zu tragen, so sehr war er auf seine persönliche Würde bedacht.

Hoping earnestly that he would meet no one who knew him, he now hooked his finger into the middle knot of his live bundle, and began to walk cautiously onwards towards his destination.

But he had only proceeded a few yards, when, to his great dismay, he perceived Jane, lying on her back in the moss, and playing with her toes.

For a moment he thought he must have inadvertently allowed Josephus to slip from the handkerchief; but no, there were his two little feet peeping out of the bundle he carried. It was evidently another baby.

"This is positively disgraceful," said the Duke, beginning to lose his temper. "In the whole course of my existence I never knew such a thing. I shall speak seriously to this Mr Chubb. Babies ought not to be scattered all over his park like mushrooms. In old Finch's time nothing of the kind would have been permitted. To mark my displeasure I shall leave this one to take care of itself."

He looked defiantly at Jane and walked away. But he then perceived a herd of cattle slowly making its way to the river to drink, and at the same moment a piteous cry from Jane recalled him.

"I can't leave her to be trampled to death," thought the poor Duke. "She actually seems sensible of her danger, by the faces she is making at me. For Heaven's sake, child, don't scream like this; you quite unnerve me. I never could bear to see a lady in distress. What can I do? I haven't another pocket-handkerchief, and she is most insuffiently clad."

He put down Josephus and fumbled in his pockets. At length he drew out an enormous envelope full of legal documents, which had that morning been sent him by his lawyer. These he emptied into another

Er hoffte inständig, niemandem zu begegnen, der ihn kannte; er hakte also seinen Finger in den Mittelknoten seines lebenden Bündels und begann vorsichtig sein Ziel anzusteuern.

Doch er war nur ein paar Schritte vorangekommen, als er zu seinem großen Entsetzen Jane sah; sie lag auf dem Rücken im Moos und spielte mit den Zehen.

Einen Augenblick lang glaubte er, Josephus müsse ihm versehentlich aus dem Taschentuch gerutscht sein; aber nein, da guckten ja seine beiden Füßchen aus dem Bündel, das er trug. Es handelte sich offensichtlich um ein anderes Baby.

«Das ist ausgesprochen schändlich», sagte der Herzog, der allmählich die Nerven verlor. «So etwas ist mir doch in meinem ganzen Leben noch nicht widerfahren. Ich werde mit diesem Mr Chubb ein ernstes Wörtchen reden. Kleinkinder sollten doch nicht überall in seinem Park wie Pilze verstreut werden. Zur Zeit des alten Finch wäre so etwas nicht gestattet worden. Um mein Missfallen auszudrücken, werde ich dieses Kind hier sich selbst überlassen.»

Er sah Jane trotzig an und ging weg. Doch dann gewahrte er eine Rinderherde, die langsam zur Tränke an den Fluss zog. Im gleichen Augenblick rief ihn ein jämmerlicher Schrei von Jane zurück.

«Ich kann sie doch nicht zu Tode trampeln lassen», dachte sich der arme Herzog. «Den Gesichtern nach, die sie mir schneidet, scheint sie tatsächlich zu spüren, woher ihr Gefahr droht. Um Himmels willen, Kind, plärr nicht so; du entnervst mich ganz. Ich konnte den Anblick einer verzweifelten Dame noch nie ertragen. Was kann ich tun? Ich habe kein anderes Taschentuch bei mir, und sie ist äußerst unzureichend bekleidet.»

Er legte Josephus ab und fummelte in seinen Taschen herum. Schließlich zog er einen riesigen Umschlag voll juristischer Papiere hervor, die ihm sein Anwalt an diesem Morgen geschickt hatte. Diese Papiere räumte er in eine andere Tasche,

pocket, and with great care he inserted Jane into the empty envelope. With a little management he got her safely in up to the neck, and she fitted exactly. He put the envelope back into his pocket, so that nothing was to be seen of Jane but her little bald head. Finding herself warm and comfortable, she immediately fell asleep, and the Duke, congratulating himself upon his ingenuity, picked up Josephus again and hurried on to the Hall.

To his great joy, the first person he encountered upon arrival was his own footman, John, who had slipped round to the back premises to refresh himself with a glass of ale, and who was now returning to his post by the front door.

"Hi!" shouted the Duke. "Come here."

"Yes, your Grace," said John, and he walked with dignity to meet the Duke.

"Take this parcel," said the Duke.

John started back.

"It's a baby, your Grace."

"I'm well aware of that. Do you suppose I don't know a baby when I see one?" said the Duke angrily. "I've got another somewhere about me," and he pulled out Jane in her envelope, and handed her carefully to John.

"Take these down to the village constable, and give them in charge," said the Duke. "I found them loitering suspiciously on the highway, with no visible means of support."

"Yes, your Grace," said John, trembling; "but the Duchess …"

"Don't stop and argue," said the Duke.

"But her Grace …" faltered John.

The Duke turned purple with fury, and John, who was terrified of his master, waited no more, but turn-

und dann schob er Jane sehr behutsam in den leeren Umschlag. Mit ein wenig Geschick kriegte er sie heil bis zum Hals hinein, und sie hatte gerade Platz. Den Umschlag steckte er in die Tasche zurück, so dass von Jane außer ihrem kahlen Köpfchen nichts zu sehen war. Da sie es nun warm und behaglich hatte, schlief sie sofort ein, und der Herzog, der sich selbst zu seinem Einfallsreichtum beglückwünschte, hob Josephus wieder auf und eilte auf das Gutshaus zu.

Zu seiner großen Freude traf er dort als ersten seinen eigenen Lakaien John, der sich in die rückwärtigen Räumlichkeiten geschlichen hatte, um sich bei einem Glas Bier zu erfrischen, und der jetzt eben auf seinen Posten an der Eingangstür zurückkehrte.

«Hallo!» rief der Herzog. «Komm her!»

«Jawohl, Euer Gnaden», sagte John und schritt würdevoll auf den Herzog zu.

«Nimm dieses Paket!» sagte der Herzog.

John schreckte zurück.

«Das ist ja ein Baby, Euer Gnaden.»

«Das weiß ich sehr wohl. Glaubst du, ich kenne kein Baby, wenn ich eins sehe?» bemerkte der Herzog verärgert. «Ich habe noch eins irgendwo bei mir.» Und er zog Jane in ihrem Umschlag hervor und gab sie fürsorglich an John weiter.

«Bring diese beiden in die Obhut des Dorfpolizisten», sagte der Herzog. «Ich habe sie gefunden, als sie sich verdächtig ohne jegliche sichtbare Versorgung auf der Landstraße herumtrieben.»

«Jawohl, Euer Gnaden», sagte John zitternd; «aber die Herzogin ...»

«Halt dich nicht auf und – keine Widerrede!» erwiderte der Herzog.

«Aber ihre Gnaden ...» stammelte John.

Der Herzog lief vor Wut rot an, und John, der vor seinem Herrn erschrak, stand nicht länger herum, sondern machte

ed and ran down the drive as fast as he could, with the powder flying in clouds from his hair and his golden livery and silk stockings sparkling in the sun.

"I am sure I don't know what the Duchess will say" – he thought as he ran, with a twin in either hand – "when she orders the carriage and finds me missing. The quicker I get back the better. No, no; I'm not going to stop for nobody."

This was because he saw Matilda waving and making him frantic signs in the distance, but faithful John only shook his head and ran the faster.

Matilda pointed him out to the policeman, and the policeman took a short cut, hid behind a bush, and pounced out upon John as he passed.

"Now then!" he cried, seizing him by the collar. "I take you into custody for attempting to kidnap these here children."

"But I was bringing them to you!" gasped John.

"A very likely story," said the policeman. "Why, you was running away from me to your hardest. Here is the thief, your worship, caught in the act."

"Thief – nonsense! This is a most respectable man," panted the Mayor, as soon as he was near enough to recognize John. "One of the Duke of Pontypool's servants. He often opens the door of the castle to me. How are you, John?"

"I'm nicely, thank you, Sir Jeremy," said John. "But her Grace is waiting for me."

"On no account keep the Duchess waiting," said the Mayor, "I will be answerable to the police."

"Thank you, Sir Jeremy," said John, and he was off like the wind.

"I shall be back again before the Duchess knows I'm gone, after all," he thought, with great satisfaction.

kehrt und lief, so schnell er konnte, den Fahrweg entlang, wobei ihm Wolken von Puder aus dem Haar wehten und die goldene Livree und die Seidenstrümpfe in der Sonne funkelten.

«Unvorstellbar, was die Herzogin sagen wird», dachte er, als er so, in jeder Hand einen Zwilling, dahinrannte, «wenn sie die Kutsche verlangt und merkt, dass ich weg bin. Je rascher ich zurückkomme, desto besser. Nein, nein, ich werde niemandem zuliebe stehenbleiben.»

Er sagte sich das vor, weil er sah, wie Matilda von ferne winkte und ihm heftig Zeichen gab; aber der getreue John schüttelte nur den Kopf und lief umso schneller.

Matilda machte den Polizisten auf ihn aufmerksam; der nahm eine Abkürzung, versteckte sich hinter einem Busch und stürzte sich auf John, als er vorbeikam.

«Habe ich Sie!» rief er und packte ihn beim Kragen. «Ich nehme Sie in Gewahrsam wegen des Versuchs, diese Kinder hier zu entführen.»

«Ich wollte sie gerade zu Ihnen bringen!» keuchte John.

«Überaus glaubwürdig», sagte der Polizist. «Sie sind vor mir davongerannt so schnell Sie konnten. Hier ist der Dieb, Euer Gnaden, auf frischer Tat ertappt.»

«Dieb – Quatsch! Das ist ein höchst ehrenwerter Mann», keuchte der Bürgermeister, sobald er nahe genug gekommen war, um John zu erkennen. «Einer der Diener des Herzogs von Pontypool. Er lässt mich oft ins Schloss ein. Wie geht es Ihnen, John?»

«Danke, Sir Jeremy, mir geht's gut», bemerkte John. «Doch ihre Gnaden erwartet mich.»

«Lassen Sie ja nicht die Herzogin warten», sagte der Bürgermeister, «ich werde bei der Polizei bürgen.»

«Ich danke Ihnen, Sir Jeremy», antwortete John, und fort war er wie der Wind.

«Ich werde wieder zurück sein, ehe die Herzogin erfährt, dass ich überhaupt weg war», dachte er mit großer Genugtuung.

St John Lucas: Expeditus

Concerning the fatness of abbesses ecclesiastical
history has much to tell us, and legend has been
busy with the same theme. Tertullian, in his melan-
choly treatise *De Jejuniis*, has a terrible description
of the anguish endured by a saintly female of Philadelphia, whose girth was too great to permit her to
pass the door of heaven until St Peter rolled back his
sleeves and tugged her in as he would have hauled
an overweighted net at Galilee; the learned and
severe Aldhelm devotes a page of his *De Laudibus
Virginitatis* to the peculiar temptations that beset
or are caused by plump persons, with examples that
are unquotable; and the strange case of the prioress
of the Tor de' Specchi oblates, who flew into a pas-
sion and stamped on the floor, which straightway
opened (either by act of God or because she was of
prodigious bulk) and admitted her with great rapidi-
ty to the cellar, is well known to the wise.

That her fall was broken and her death averted
by the body of the cellarer, who had observed the
feast of St Martin of Tours by eating the greater
part of a goose and drinking much crude wine, has
afforded argument to many jolly schoolmen and
sophisticated topers, from the grand Rabelais to
the long-winded Redi, and it is rumoured that the
curious and erudite author of *The Path to Rome*
has written a monograph on the affair. It were,
indeed, a nice theme for the speculative, whether
fatness in woman has not some eternal corelation
with holiness.

Instances to the contrary are not lacking, such as
the wives of some Methodists and Calvinistic men,

St John Lucas: Expeditus

I

Was die Beleibtheit von Nonnen betrifft, hat uns die Kirchengeschichte viel zu berichten; auch die Legende hat sich des gleichen Themas fleißig angenommen. In seiner melancholischen Abhandlung *De Jejuniis* gibt Tertullian eine schreckliche Beschreibung der Qual, die eine heiligmäßige Frau aus Philadelphia erlitt, deren Umfang zu groß war, als das er ihr erlaubt hätte, durch die Himmelstür zu gelangen, bis der heilige Petrus die Ärmel hochrollte und sie hineinzerrte, genau so wie er auf dem See Genezareth ein überladenes Netz eingeholt hätte. Der gelehrte und strenge Aldhelm widmet eine Seite des Werkes *De Laudibus Virginitatis* den besonderen Versuchungen, die dicken Personen widerfahren oder von ihnen verursacht werden, mit Beispielen, die nicht zitierfähig sind. Der sonderbare Fall der Priorin der Oblatinnen vom Tor de' Specchi, die in Zorn geriet und auf den Boden stampfte, der sich alsbald öffnete (entweder durch höhere Gewalt oder wegen ihres ungeheuren Umfangs) und sie blitzschnell in den Keller sausen ließ, ist den Gebildeten wohlbekannt.

Dass ihr Fall abgefangen und ihr Tod durch den Körper des Kellermeisters verhindert wurde, der das Fest des heiligen Martin von Tours gefeiert hatte, indem er den großen Teil einer Gans aß und eine Menge unausgegorenen Weins trank, hat zahlreichen fidelen Schullehrern und ausgepichten Zechern, angefangen beim großen Rabelais bis zum langatmigen Redi, Stoff geliefert. Es geht das Gerücht um, der sonderbare und gelehrte Verfasser des Buches *The Path to Rome* habe eine Abhandlung über den Vorfall geschrieben. Es wäre in der Tat ein hübsches Thema für einen Grübler, ob die Beleibtheit bei der Frau nicht in irgendeinem ewigkeitlichen Zusammenhang mit der Heiligkeit stehe.

Beispiele für das Gegenteil fehlen nicht, wie etwa die Frauen einiger Methodisten und Calvinisten, die im allgemeinen

who are commonly gaunt and bleak, and a certain notable fat nun of Caen, who of pure malice and devilry did immure the present writer for the space of two hours in a nasty and filthy subterranean cell, whither he had descended to gaze on an antique sarcophagus. And it is true that no one can think of St Agnes or the Beatrice of Dante as gross in body, and that to the early painters lantern-jaw and attenuated shanks were the very symbols of virtue. Yet the holy women of Raphael were of a type that in middle age attains to an honourable and matronly plumpness, and the prophets and saints of Michelangelo were no barebones. But these latter, being for the most part men, are outside the argument, and so for the same reason are the bishops and certain other officers of the Church of England, whose costume is designed to cover that part whereof ample men are most ashamed, namely, the belly, and to display that part wherein they most find glory, namely, the calf of the leg.

II

Now of all fat women who ever brought honour to a Holy Church and to a profane sex, the abbess of Saint-Ernoul was the most enormous. She moved with the gesture of a hobbled elephant, and her nose and eyes were almost lost behind two vast and rosy cheeks. Yet she was an active woman, observant, and fond of snuff, and she worked with vigour and success amongst the poor. She was greatly beloved by the orthodox and also by many amiable sinners. Of the former, the Archbishop of P– presented her with a snuff-box, and of the latter, the Bishop of C– sent her snuff, and Madame la Vicomtesse de N– kept her supplied with perfumed essences for the bath, which essence all found its way into the house of

hager und bleich sind, und eine gewisse angesehene dicke Nonne aus Caen, die aus reiner Bosheit und Teufelei den Verfasser dieser Zeilen volle zwei Stunden in einer ekelhaften, schmutzigen unterirdischen Zelle einsperrte, in die er sich hinabbegeben hatte, um einen antiken Sarkophag zu betrachten. Und es stimmt, dass niemand sich die heilige Agnes oder Dantes Beatrice beleibt vorstellen kann, und dass für die früheren Maler eingefallene Wangen und abgemagerte Beine klare Zeichen von Tugend waren. Doch Raphaels heilige Frauen waren ein Typus, der in mittleren Jahren eine ehrenwerte und gesetzte Fülle erreicht, und Michelangelos Propheten und Heilige waren keine Gerippe. Aber die Letzteren stehen, da sie ja zum größten Teil Männer sind, nicht zur Debatte. Das Gleiche gilt für die Bischöfe und gewisse andere Würdenträger der Church of England, deren Kleidung so geschnitten ist, dass sie bedeckt, weswegen sich beleibte Männer am meisten schämen, nämlich den Bauch, und dass sie jenen Körperteil enthüllen, auf den sie sich am meisten zugute halten, nämlich die Wade.

II

Aber von allen dicken Frauen, die je der Heiligen Kirche und einem kirchenfernen Geschlecht zur Zierde gereichten, war die Äbtissin von Saint-Ernoul die gewaltigste. Sie bewegte sich mit der Körperhaltung eines tollpatschigen Elefanten, und ihre Nase und die Augen gingen fast verloren hinter zwei ausgedehnten, rosigen Wangen. Und doch war sie eine tätige, aufmerksame Frau, die gern schnupfte. Sie arbeitete kraftvoll und erfolgreich bei den Armen. Bei den Rechtgläubigen wie auch bei manchen liebenswerten Sündern war sie sehr beliebt. Zu den ersten zählte der Erzbischof von P., der ihr eine Schnupftabakdose schenkte, zu den letzten der Bischof von C., der ihr Schnupftabak schickte, und von der Vicomtesse von N. wurde sie mit ätherischem Badeöl versorgt, das auf diese Weise in das Haus von Meister Peter,

Master Peter the woodcutter, who had never washed himself in his life.

Pope Leo XIII sent her an extraordinary blessing, and the atheistical and disputatious folk regarded her as a too, too solid pillar of the Church. She had great celebrity. Therefore when the crash came, and all the poor little nuns were driven out of their homes by order of a beneficent and progressive government, the abbess of Saint-Ernoul was marked down as one of the first victims. She was denounced as a dangerously influential women, a supporter of ancient ideas, a wily schemer who could extract large sums of money from the rich by methods and for purposes best known to herself. All of which was perfectly true. She had immense influence, for her smile was more persuasive than fifty sermons; she supported the ideas of gentleness and cheerful self-sacrifice, which, as all the world knows, are terribly rococo; she was always scheming to make new and nourishing *bouillons* for the sick, and she was a merciless plunderer of the rich for the sake of the poor.

III

There was a large town near her convent with a lace industry. The mayor of this town called himself an advanced free-thinker, but he was really a very ignorant and vulgar person who was suffering from a surfeit of the ideas of certain people cleverer than himself. He was a meagre man with a double chin (this is always a dangerous combination), and he hated the good abbess with all the capacity of his stupid soul. He accused her before various high officials of obtaining an influence over the girls in the lace factories, and of persuading some of them to enter the convent as lay sisters, and to continue their work within its

dem Holzschneider, gelangte, der sich noch nie in seinem Leben gewaschen hatte.

Papst Leo XIII. schickte ihr einen außerordentlichen Segen, und die Gottlosen und Streitsüchtigen betrachteten sie als eine zu feste, eine allzu feste Säule der Kirche. Sie war in weitem Umkreis berühmt. Als daher der Bruch mit der Kirche kam und all die armen lieben Nonnen auf Geheiß einer wohltätigen, fortschrittlichen Regierung aus ihren Klöstern vertrieben wurden, war die Äbtissin von Saint-Ernoul als eines der ersten Opfer ausersehen. Man brandmarkte sie als eine auf gefährliche Weise einflussreiche Frau, die veralteten Vorstellungen anhing, als verschlagene Intrigantin, die den Reichen große Geldbeträge entlocken konnte, durch Vorgehensweisen und für Zwecke, die sie selber am besten kannte. Das alles stimmte durchaus. Sie hatte ungeheuren Einfluss, denn ihr Lächeln war überzeugender als fünfzig Predigten; sie unterstützte Güte und fröhliche Selbstaufopferung, Vorstellungen, die, wie alle Welt weiß, völlig veraltet sind; sie machte dauernd Pläne, um neue, nahrhafte Fleischbrühen für die Kranken zu erfinden, und nahm um der Armen willen gnadenlos die Reichen aus.

III

In der Nähe ihres Klosters befand sich eine große Stadt mit einer Spitzenindustrie. Der Bürgermeister dieser Stadt bezeichnete sich selbst als aufgeklärten Freidenker, doch war er in Wirklichkeit ein sehr dummer und ungebildeter Mensch, der darunter litt, dass manche Klügeren viel mehr Gedanken entwickelten als er. Er war ein magerer Mann mit einem Doppelkinn (das ist immer eine gefährliche Verbindung), und er hasste die gute Äbtissin mit der ganzen Kraft seiner dummen Seele. Er beschuldigte sie vor verschiedenen hohen Beamten, Einfluss auf die Mädchen in der Spitzenfabrik zu nehmen und einige von ihnen zu überreden, als Laienschwestern ins Kloster einzutreten, um dort ihre Arbeit fortzuset-

walls; which was true. He also accused her of selling
the lace which they made to certain establishments
in Paris which supplied the less virtuous Parisians
with extremely ornamental underclothing, and of
thus encouraging immorality and the lust of the flesh;
which was a lie, as he knew right well.

He succeeded in obtaining a writ of ejectment, or
some such document, from the Minister of the Interior, and he made a speech in the city which alluded
to the rights of man, to liberty, and to several other
abstract affairs, concluding it with an impassioned demand that all pure-minded reformers and moral pro-
gressivists should help him in the noble task of turning a colony of dangerous women neck and crop out
of the lair. The pure-minded reformers obeyed him
to a man. There were about three dozen of them. The
mayor put on his tricolour scarf, added a few policemen
to the band of disciples, and set off for the convent,
amid the consternation of the honest market-women
and the satirical ululations of many small boys.

When the procession reached the convent gate it
found the abbess waiting to receive it. The mayor
struck a majestic attitude, inflated his chest, read the
lucid prose of the Minister of the Interior, and wound
up with some original remarks of a triumphant and
hectoring nature. To this the abbess, whose blood was
up to a height most dangerous for anyone of her habit
of body, replied that he was a miserable liar, and that
she intended to stay in the convent for as long as she
chose to do so. The mayor indicated the policemen
(who looked remarkably sheepish, for the abbess
had know them all ever since they were born), and
regretted that he should be compelled to use force.

The abbess, with a magnificent gesture, invited
him to do his worst. At the same moment the under-

zen; das stimmte auch. Er beschuldigte sie außerdem, die von
den Mädchen angefertigte Spitze an gewisse Häuser in Paris
zu verkaufen, welche die weniger tugendhaften Pariserinnen
mit äußerst reizvoller Unterwäsche belieferten und so die
Sittenlosigkeit und die Fleischeslust verstärkten; das war eine
Lüge, was er sehr wohl wusste.

Es gelang ihm, vom Innenminister einen Räumungsbefehl
oder einen ähnlichen Bescheid zu bekommen, und er hielt in
der Stadt eine Rede, die auf die Menschenrechte, die Freiheit
und mehrere andere abstrakte Dinge anspielte, und die er mit
der leidenschaftlichen Forderung schloss, alle rein gesinnten
Reformer und alle moralisch Fortschrittlichen sollten ihm
bei der edlen Aufgabe helfen, eine Ansammlung gefährlicher
Frauen mit Sack und Pack aus ihrem Nest zu werfen. Die rein
gesinnten Reformer gehorchten ihm bis auf den letzten Mann.
Es waren ihrer etwa drei Dutzend. Der Bürgermeister legte
seine dreifarbige Schärpe an, verstärkte die Schar seiner Jün-
ger um ein paar Polizisten und machte sich auf zum Kloster,
zur Verblüffung der rechtschaffenen Marktfrauen und unter
dem spöttischen Geheul vieler kleiner Jungen.

Als der Zug das Tor des Klosters erreichte, wurde er schon
von der Äbtissin erwartet. Der Bürgermeister nahm eine
majestätische Haltung an, blies sich auf, verlas den deutlichen
Text des Innenministers und schloss mit einigen eigenen
Worten von auftrumpfender und einschüchternder Art. Darauf erwiderte die Äbtissin, deren Blutdruck in eine Höhe
gestiegen war, die überaus gefährlich für jeden mit ihrer Sta-
tur war, er sei ein elender Lügner; sie beabsichtige, so lange
im Kloster zu bleiben, wie es ihr beliebte. Der Bürgermeister
wies auf die Polizisten (die bemerkenswert linkisch drein-
schauten, denn die Äbtissin kannte sie alle, seit sie auf der
Welt waren) und bedauerte, dass er gezwungen sein sollte,
Gewalt anzuwenden.

Die Äbtissin lud ihn mit einer erhabenen Gebärde ein, es
so schlimm wie möglich zu machen. Im gleichen Augenblick

gardener, a poor, fond peasant who cared nothing
for the dignity of mayors but worshipped the abbess, directed a powerful jet of water from the convent firehose full against the mayor's tricolour scarf.
The mayor collapsed abruptly, and lay struggling
in the flood like a stranded Leviathan, and when
the police advanced to arrest the under-gardener he
bowled them over like ninepins, shouting joyously
as he performed this horrid act. He then turned his
attention to the thirty-odd pure-minded reformers,
who withdrew in disorder. Meanwhile the abbess,
with an agility that was certainly lent her by Heaven,
waded gallantly forth, snatched up the document,
which had fallen with the mayor, tore it in half, and
sent the fragments sailing down the wind that blew
coldly on the saturated moralists. Then she returned
to the convent, and the gardener remained on the
watch with his hose at the window.

IV

The infuriated and sodden mayor went back to the
city and lay in bed for two days. During this period
he was visited by the commandant of the garrison,
and when he had recovered from his cold he set out
for the convent accompanied by twenty soldiers, half
a dozen engineers, and a machine-gun. In justice to
the mayor, we must add that the last dreadful item of
the expedition was intended for the under-gardener.
The soldiers were pelted by little boys with various
missiles, both vegetable and mineral, and cheered
by a vagrant imbecile, who was arrested. They ap-
proached the convent in good order, but when they
had prepared the machine-gun for action they discovered that the front door was open and the abbess
and nuns had disappeared, taking with them every-

richtete der Untergärtner, ein armer, lieber Bauer, der sich nichts aus der Würde von Bürgermeistern machte, aber die Äbtissin verehrte, einen mächtigen Wasserstrahl aus dem Feuerwehrschlauch des Klosters voll gegen die dreifarbige Schärpe des Bürgermeisters. Der Bürgermeister brach sofort zusammen und lag zappelnd in der Lache wie ein gestrandetes Seeungeheuer. Als die Polizei vorrückte, um den Untergärtner zu verhaften, schoss er sie übern Haufen wie Kegel; er brüllte vergnügt, während er die grässliche Tat verübte. Dann wandte er seine Aufmerksamkeit den etwa dreißig unbedarften Reformern zu, die sich ungeordnet zurückzogen. Mittlerweile watete die Äbtissin tapfer nach vorn, mit einer Behendigkeit, die ihr sicherlich der Himmel verliehen hatte, schnappte sich das Dokument, das samt dem Bürgermeister zu Boden gegangen war, riss es entzwei und ließ die Fetzen im Wind segeln, der kalt auf die durchtränkten Moralapostel blies. Dann kehrte sie in das Kloster zurück, und der Gärtner blieb mit seinem Schlauch am Fenster auf Wache.

IV

Der wütende, klitschnasse Bürgermeister ging in die Stadt zurück und legte sich zwei Tage ins Bett. Während dieser Zeit erhielt er Besuch vom Kommandanten der Garnison, und als er sich von seiner Verkühlung erholt hatte, brach er mit zwanzig Soldaten, einem halben Dutzend Pionieren und einem Maschinengewehr zum Kloster auf. Um dem Bürgermeister gerecht zu werden, müssen wir hinzufügen, dass das letztgenannte schreckliche Dingsda dem Untergärtner zugedacht war. Die Soldaten wurden von kleinen Buben mit verschiedenen Wurfgeschossen, pflanzlichen und mineralischen, bombadiert und von einem unsesshaften Schwachsinnigen angefeuert, den man verhaftete. Sie näherten sich dem Kloster in Reih und Glied, doch als das Maschinengewehr einsatzbereit gemacht war, merkten sie, dass das Haupttor offen stand und die Äbtissin und die Nonnen verschwunden waren. Sie

thing of any value. The soldiers smoked cigarettes in the chapel (by request of the mayor), broke a few windows with their bayonets, and marched back to barracks. In this way, after five hundred years of error, the foundation of Saint-Ernoul was finally abolished by the intrepid pioneers of a new age.

The abbess, knowing well that she would be forcibly driven from the convent after her defiance of the mayor, had contrived to place most of her nuns in various communities which had not yet been dispersed by the government. She herself was the last to leave the convent, but when she had seen all its few valuable possessions safely packed and sent to a great ecclesiastic in Paris who was an old friend, she departed late one afternoon, accompanied by three sisters whose names were three sweet symphonies. She did not forget the under-gardener, but obtained employment for him in a place that was sufficiently distant from the revengeful mayor. Finally, she drove with her three handmaidens to a small station about two miles distant from the convent, and took a slow train to the capital.

The three handmaidens were called Ursula, Margaret, and Veronica. Ursula was plump and cheerful, with pink cheeks and large blue eyes; Margaret was dark, with a pensive and gentle face, although she was really extremely practical and could do bookkeeping in double entry. Veronica was the eldest; she was about forty-five, with sandy hair and a small moustache. She was sensible and faithful and slightly sarcastic. They were all intensely devoted to the abbess, and wept copiously when they left the convent. The abbess did not weep, but there was a nervous tremor in her third chin.

hatten alles mitgenommen, was irgendwie von Wert war. Die Soldaten rauchten in der Kapelle Zigaretten (auf Ersuchen des Bürgermeisters), zertrümmerten mit ihren Seitengewehren etliche Fenster und marschierten in die Kaserne zurück. Auf diese Weise wurde endlich nach fünfhundert Jahren Irrglauben die Stiftung Saint-Ernoul durch die unerschrockenen Pioniere einer neuen Zeit abgeschafft.

Der Äbtissin, die sehr wohl wusste, dass man sie mit Gewalt aus dem Kloster vertreiben würde, nachdem sie dem Bürgermeister Widerstand geleistet hatte, war es gelungen, die meisten ihrer Nonnen in verschiedenen Klöstern unterzubringen, die von der Regierung noch nicht aufgelöst worden waren. Sie selbst verließ das Kloster als Letzte, doch als sie gesehen hatte, dass all seine wenigen Besitztümer von Wert sicher verpackt an einen alten Freund, einen hohen Kirchenmann in Paris, geschickt worden waren, reiste sie eines Spätnachmittags in Begleitung von drei Schwestern ab, deren Namen drei süße Sinfonien darstellten. Sie vergaß auch den Untergärtner nicht und erhielt für ihn eine Stelle an einem Ort, der weit genug von dem auf Rache sinnenden Bürgermeister entfernt war. Schließlich fuhr sie mit ihren drei Dienerinnen zu einem kleinen Bahnhof, der etwa zwei Meilen vom Kloster entfernt war, und nahm einen Bummelzug in die Hauptstadt.

Die drei Dienerinnen hießen Ursula, Margaret und Veronika. Ursula war pummelig und heiter, mit rosa Wangen und großen blauen Augen; Margaret war dunkel, mit einem nachdenklichen, sanften Gesicht, obschon sie wirklich äußerst praktisch war und die doppelte Buchführung beherrschte. Veronika war die älteste; sie war etwa fünfundvierzig, hatte sandfarbenes Haar und ein Schnurrbärtchen. Sie war vernünftig, gefühlvoll, anhänglich und ein wenig spöttisch. Alle drei waren der Äbtissin zutiefst ergeben und weinten sich die Augen aus, als sie das Kloster verließen. Die Äbtissin weinte nicht, doch in ihrem dritten Kinn war ein nervöses Zittern.

It was late in the evening when they reached the capital. The younger nuns were bewildered by the noise of the station, but the abbess remained calm and majestic. When she became engaged in an altercation with a profane cabman who alleged her bulk as the reason for his refusing her offer of employment, she spoke with such dignity and point that the cabman removed his hat and demanded her blessing. It is true that he adhered to his refusal. At length a driver who had an adventurous soul was discovered. The abbess, after a sharp struggle, entered his cab, taking Sister Veronica with her, whilst Ursula and Margaret followed in another vehicle. The latter pair were greatly alarmed by the brilliant streets, the crowds, and the strange exhortations of the driver to his horse; but the abbess waved a reassuring hand to them at every street corner. Eventually they were deposited at the garden-gate of a large orphanage on the outskirts of the city, where they received a most affectionate welcome from the Mother Superior and the sisters in charge. The three nuns were tired and rather frightened, but the abbess had recovered her good spirits, talked and laughed incessantly, and simulated a keen anxiety as to whether she would be the largest orphan of the community. She *was* the largest orphan.

v

The orphanage for some reason escaped the attention of the Minister of the Interior, so that the four good women abode there in peace for several weeks. The abbess had many visitors; she was a member of an old aristocratic family, and had several relatives in the capital. Amongst them was a certain Monsignor B–, an old gentleman with beautiful silver hair and a thin face that was always puckered into a humorous

Es war spät am Abend, als sie in der Hauptstadt ankamen. Die jüngeren Nonnen verwirrte der Bahnhof, doch die Äbtissin blieb ruhig und beherrscht. Als sie in eine Auseinandersetzung mit einem pöbelhaften Droschkenkutscher geriet, der auf ihren Umfang als Grund anspielte, das Geschäft, das sie ihm anbot, abzulehnen, sprach sie mit solcher Würde und Sachlichkeit, dass der Mann seinen Hut abnahm und ihren Segen erbat. Aber es stimmt, dass er bei seiner Ablehnung blieb. Schließlich fand sich ein Kutscher, der eine wagemutige Seele hatte. Die Äbtissin bestieg nach heftigem Mühen sein Fahrzeug und nahm Schwester Veronika noch mit, während Ursula und Margaret in einem anderen Wagen folgten. Die beiden Letztgenannten waren sehr beunruhigt wegen der hell erleuchteten Straßen, der Menschenmassen und der sonderbaren Zurufe des Kutschers an sein Pferd, doch die Äbtissin winkte ihnen an jeder Straßenecke beruhigend zu. Schließlich wurden sie am Gartentor eines großen Waisenhauses am Stadtrand abgesetzt, wo ihnen ein überaus herzlicher Empfang von der Schwester Oberin und den diensthabenden Schwestern bereitet wurde. Die drei Nonnen waren müde und ziemlich eingeschüchtert, aber die Äbtissin hatte ihre gute Laune wieder gewonnen. Sie plauderte und lachte unablässig und fragte mit gespielter großer Besorgnis, ob sie wohl das schwerste Waisenkind der Gemeinschaft sein werde. Sie war es tatsächlich.

v

Das Waisenhaus entging aus irgendeinem Grund der Aufmerksamkeit des Innenministers, so dass die vier guten Frauen dort mehrere Wochen ungestört lebten. Die Äbtissin bekam viele Besucher; sie gehörte einem alten Adelsgeschlecht an und hatte in der Hauptstadt etliche Verwandte. Unter diesen war ein gewisser Monsignore B., ein alter Herr mit schönem Silberhaar und einem schmalen Gesicht, das sich immer zu einem humorvollen Lächeln verzog. Er war ein großer Be-

smile. He was a great admirer of the abbess, who was his first cousin, and never missed an opportunity of coming to see her. Like the abbess, he had the fatal quality, so sanely detested by Ministers of Interiors, of inspiring affection wherever he went, and all the orphans adored him. He was a monomaniac – obsessed continually with a wish to make everyone that he met as happy as possible, and he succeeded frequently. The anti-clerical papers denounced him every week as a dangerous intriguer; he subscribed secretly to all of them, and read the denunciations with immense delight to the abbess in the orphanage garden.

It did not take this excellent Monsignor B– very long to discover that the abbess, although she seemed to be in good spirits and was always making bad jokes, was really pining for the convent which she had been compelled to leave. She liked the orphanage, but of course she was only a guest within its walls, and therefore her capacity for wise government was rusting unused. He discovered also that she had a burning ambition – an ambition which she had flung aside whilst she was in her convent, but one which had returned with greater intensity now that she had leisure. She longed to see Rome. She admitted it herself in the course of their many conversations, and she stated frankly that the yearning had its profane side. "Oh, of course I'm dying to see the Holy Father and St Peter's and the house of the Blessed Cecilia and the Tre Fontana," she explained to him. "I've a map and a Murray, and I know all the churches as well as if I'd knelt in every one of them. But I'm not going to pretend that I should pass by all those terrible, beautiful pagan things with my nose in the air. I should climb to the top of the Colosseum" (Monsignor B– looked ghastly), "and sit in Hadrian's Villa and poke

wunderer der Äbtissin, die seine Kusine ersten Grades war und ließ nie eine Gelegenheit verstreichen, sie zu besuchen. Genau wie die Äbtissin hatte er die missliche, von Innenministern so herzhaft verabscheute Eigenschaft, überall, wohin er kam, Zuneigung hervorzurufen, und alle Waisenkinder verehrten ihn. Er war ein von einer fixen Idee Besessener – er wollte dauernd jeden, dem er begegnete, so glücklich wie möglich machen, und häufig gelang es ihm. Die antiklerikalen Zeitungen stellten ihn jede Woche als gefährlichen Ränkeschmied dar; er abonnierte sie heimlich alle und las diese Verurteilungen mit ungeheurem Ergötzen der Äbtissin im Garten des Waisenhauses vor.

Dieser vortreffliche Monsignore B. brauchte nicht sehr lang, um dahinterzukommen, dass die Äbtissin, obschon sie guter Dinge zu sein schien und stets schlimme Witze riss, sich in Wirklichkeit nach dem Kloster sehnte, das sie hatte verlassen müssen. Sie mochte das Waisenhaus, doch natürlich war sie nur Gast in dessen Mauern, daher verkam ihre Fähigkeit, sich als kluge Leiterin zu betätigen, ungenutzt. Er entdeckte auch, dass sie eine brennende Sehnsucht hatte, eine Sehnsucht, die sie abgelegt hatte, solange sie im Kloster war, die aber nun, da sie Muße hatte, umso stärker wiedergekehrt war. Sie sehnte sich danach, Rom zu sehen. Sie gab es im Verlauf ihrer zahlreichen Unterhaltungen selbst zu und räumte offen ein, dass die Sehnsucht eine weltliche Seite habe. «Oh, natürlich brenne ich darauf, den Heiligen Vater, Sankt Peter, das Haus der seligen Caecilia und die Fontana di Trevi zu sehen», erklärte sie ihm. «Ich habe einen Stadtplan und einen Stadtführer von Murray und kenne alle Kirchen so gut, als hätte ich in jeder von ihnen gekniet. Doch ich werde nicht so tun, als würde ich an all jenen schrecklichen, schönen, heidnischen Dingen vorbeigehen und dabei die Nase in die Luft strecken. Ich würde ganz oben aufs Kolosseum steigen» (Monsignore B. war entgeistert) «und mich in die Villa Hadrians setzen und zwischen den

about those wonderful tombs in the Campagna for all the world as if my name was Washington and I came from Chicago. I'd go first to St Peter's, and then to the Scala Santa and the Ara Coeli and San Clemente and the catacombs, but I'd keep a whole day for the Palatine, and no one should come with me."

Monsignore B— shook his head and smiled.

"You would shock them all dreadfully," he said. "You know what the attitude of the Holy Church has been for centuries with regard to all those very interesting relics of the pagans."

"If it had only been an attitude I wouldn't have minded," said the abbess with vigour. "Heaven forgive me! I find it hard to forgive some of us for the things we did. The Holy Fathers, too! Urban the Fifth selling stones from the Colosseum, and the Farnese ruining the Arch of Titus, and Urban the Eighth melting down the Pantheon roof. Don't shake your head; he did!"

"*Quod non fecerunt barbari fecere Barberini,*" quoted Monsignor B—. "It is perfectly true. Also he issued a bull excommunicating those who took snuff in the churches of Seville."

"Ah! In church that becomes serious," said the abbess.

Monsignor B— took a pinch from her box. "How would you like," he said, very quietly, "how would you like to go to Rome this year?"

The abbess glowed visibly at the suggestion.

"How would I like it?" she repeated with rapture, and then she descended to reality. "My dear good man," she said, "it's about as likely as a flight to the moon."

"You have leisure this year for the first time in your life," said her friend.

wunderbaren Gräbern in der Campagna herumlaufen, als hieße ich Washington und käme aus Chicago. Zuerst würde ich den Petersdom aufsuchen, dann die Heilige Treppe, die Ara Coeli, San Clemente und die Katakomben, doch einen ganzen Tag würde ich mir für den Palatin vornehmen, und niemand sollte mitkommen.»

Monsignore B. schüttelte den Kopf und lächelte.

«Sie würden ihnen allen einen fürchterlichen Schreck einjagen», sagte er. «Sie wissen, was für eine Haltung die Heilige Kirche seit Jahrhunderten gegenüber all diesen sehr aufschlussreichen Zeugnissen der Heiden einnimmt.»

«Wäre es nur eine innere Einstellung gewesen, hätte es mir nichts ausgemacht», sagte die Äbtissin mit Nachdruck. «Der Himmel möge mir verzeihen! Ich finde es schwer, einigen von uns das, was wir getan haben, zu verzeihen. Auch den Heiligen Vätern! Urban V., der Steine aus dem Kolosseum verkaufte, der Farnese, der den Titusbogen zerstörte und Urban VIII., der das Dach des Pantheon einschmolz. Schütteln Sie nicht der Kopf; er hat's getan!»

«*Quod non fecerunt barbari fecere Barberini*», zitierte Monsignore B. «Stimmt genau. Er gab auch eine Bulle heraus, in der alle exkommuniziert wurden, die in den Kirchen von Sevilla schnupften.»

«Aha! In der Kirche wird das bedenklich», sagte die Äbtissin.

Monsignore B. nahm eine Prise aus ihrer Dose. «Wie fänden Sie's», sagte er sehr ruhig, «wie fänden Sie's, wenn Sie heuer nach Rom führen?»

Die Äbtissin strahlte sichtbar bei diesem Vorschlag.

«Wie ich das fände?» wiederholte sie entzückt und stieg dann in die Wirklichkeit herab. «Mein lieber, guter Mann», sagte sie, «das ist ebenso wahrscheinlich wie ein Flug zum Mond.»

«Sie haben jetzt zum ersten Mal in Ihrem Leben Zeit dazu», sagte ihr Freund.

She shook her head. "I have leisure but I am not free," she answered. "I have received my orders; I must remain here."

"Hum," remarked Monsignor B–, and began to talk botany. He took leave of her shortly afterwards. She spent the afternoon making linseed poultices, but in spite of the engrossing nature of this self-inflicted penance she could not get the thought of Rome out of her head, and this made her almost angry with Monsignor B–.

VI

He came to see her three days later, and, as usual, they walked together in the garden. The intelligent face of Monsignor B– wore a mysterious expression, and he smiled frequently at nothing in particular. He seemed preoccupied, too, for when they met one of the orphans he offered her, instead of his usual pat on the head, a pinch of snuff from the abbess's box, which he happened to be holding. The poor child was terribly scandalized, and retired to report the matter to the Mother Superior. Even the tolerant abbess was surprised, and demanded why he was so oddly absent-minded.

He did not answer, but after a moment he turned to her and asked an extraordinary question.

"Did you ever," he said, "when you were young, think of becoming an ambassadress?"

"Do you mean did I ever contemplate marriage with an ambassador? Certainly not!" replied the abbess with asperity.

Monsignor B– smiled. "That was not quite what I meant," he explained. "Did you never feel that it might be your task – your duty – to run on errands for the Holy Church?"

Sie schüttelte den Kopf. «Ich habe Zeit, bin aber nicht frei», antwortete sie. «Ich habe meine Anweisungen erhalten. Ich muss hier bleiben.»

«Hm», bemerkte Monsignore B. und fing an, über Botanik zu plaudern. Kurz darauf verabschiedete er sich von ihr. Sie verbrachte den Nachmittag damit, Breiumschläge aus Leinsamen zu machen, doch trotz der sie voll in Anspruch nehmenden Art dieser selbstauferlegten Buße konnte sie den Gedanken an Rom nicht los werden, und das machte sie fast wütend auf Monsignore B.

VI

Er besuchte sie drei Tage später, und, wie meistens, gingen sie zusammen im Garten spazieren. Monsignore B's kluges Gesicht trug einen geheimnisvollen Ausdruck, und oft lächelte er über nichts Besonderes. Auch schien er anderweitig beschäftigt, denn als sie einem der Waisenkinder begegneten, bot er ihm, statt, wie sonst üblich, ihm den Kopf zu tätscheln, eine Prise an; er hielt nämlich gerade die Schnupftabakdose der Äbtissin in der Hand. Das arme Kind war darüber schrecklich aufgebracht und lief weg, um die Sache der Schwester Oberin zu berichten. Selbst die nachsichtige Äbtissin war überrascht und fragte sich, warum er so merkwürdig geistesabwesend war.

Er gab keine Antwort, doch nach einer Weile wandte er sich an sie und stellte eine außergewöhnliche Frage.

«Haben Sie, als sie jung waren, je daran gedacht, Botschafterin zu werden?» sagte er.

«Meinen Sie, ob ich jemals die Heirat mit einem Botschafter ins Auge fasste? Gewiss nicht!» erwiderte die Äbtissin streng.

Monsignore B. lächelte. «Das ist nicht ganz das, was ich gemeint habe», erklärte er. «Hatten Sie nie das Gefühl, es könnte Ihre Aufgabe sein – Ihre Pflicht –, für die Heilige Kirche Botschaften zu überbringen?»

The abbess still stared at him.

"I was taught to make myself generally useful," she answered, "but I must confess that I never could run. At least, not since I was twenty-five. It was then that I ran after the burglar who broke into the refectory. But I didn't overtake him. That was the last time I tried, and I hope you don't want me to try now."

Monsignor B– chuckled. "I don't want you to try, but the Holy Church does," he said.

"The Holy Church!" echoed the abbess.

He nodded slowly. "The Holy Church knows that you are one of the best of her servants, and she doesn't like to see you pining for some good work to do. So she has arranged for you to run on a little errand. The little errand is the organization of a new convent for countrywomen of ours."

"Mercy!" cried the abbess, with an unmistakable thrill of joy in her voice. "And where is it?"

Monsignor B– held out his hand for the snuffbox, took a large pinch for each nostril, inhaled them slowly, and with equal deliberation wiped away the superfluous grains with a huge red cotton handkerchief. At last he spoke.

"It is – let me see – to the best of my belief – if my memory is not deceiving me, it is in – what's the name of the place? – somewhere in Italy – Rome. Yes, decidedly, it is in Rome."

The abbess stared at him keenly for at least half a minute, and then she threw up her hands and stood in an attitude of ecstasy, murmuring something which he could not hear. Afterwards she beamed at him like a tropic sunset.

"Oh, you delicious man!" she said.

"You'll go?" asked Monsignor B– with a wicked intonation of astonishment.

Die Äbtissin starrte ihn noch immer an.

«Ich habe gelernt, mich allgemein nützlich zu machen», antwortete sie, «aber ich muss gestehen, dass ich nie laufen konnte. Zumindest nicht, seit ich fünfundzwanzig war. Damals rannte ich hinter dem Kerl her, der in den Speisesaal eingebrochen war. Ich konnte ihn nicht einholen. Das war mein letzter Versuch; Sie wollen doch nicht, dass ich es jetzt versuche.»

Monsignore B. lachte stillvergnügt in sich hinein. «Nicht ich will, dass Sie es versuchen, doch die Heilige Kirche will es», sagte er.

«Die Heilige Kirche!» plapperte die Äbtissin nach.

Er nickte leicht. «Die Heilige Kirche weiß, dass Sie eine ihrer besten Dienerinnen sind, und sieht ungern, wie Sie sich danach verzehren, ein gutes Werk zu tun. Daher hat sie es eingerichtet, dass Sie einen kleinen Auftrag erledigen. Er besteht darin, ein neues Kloster für Landsleute von uns aufzubauen.»

«Danke!» rief die Äbtissin mit einem unverkennbaren Freudenausbruch in der Stimme. «Und wo ist das?»

Monsignore B. reckte seine Hand der Schnupftabakdose entgegen, nahm eine große Prise für jedes Nasenloch, atmete sie langsam ein und wischte mit gleicher Bedachtsamkeit die überflüssigen Krümel mit einem riesigen roten baumwollenen Taschentuch weg. Endlich redete er.

«Es ist – nun, – nach bestem Wissen und Gewissen, – wenn mein Gedächtnis mich nicht täuscht, es ist in – wie heißt doch der Ort? – irgendwo in Italien – Rom. Ja, genau, es ist Rom.»

Die Äbtissin starrte ihn mindestens eine halbe Minute lang an, warf dann die Arme in die Höhe und stand da in entrückter Haltung, wobei sie etwas murmelte, das er nicht hören konnte. Hinterher strahlte sie ihn an wie ein tropischer Sonnenuntergang.

«Oh, Sie herrlicher Mann!» sagte sie.

«Werden Sie hinfahren?» fragte Monsignore B. mit boshafter Betonung seines Erstaunens.

'Won't I!' said the abbess. Her voice was the voice of a girl of twenty, but there were tears in her eyes as she spoke.

VII

Now of the doings of the great and holy abbess in the great and holy city of Rome, the diary kept by Sister Veronica contains the chronicle. For Sister Veronica was chosen to accompany her, being the senior of the three handmaidens, and a wise and practical woman who was not afraid of foreigners and tourists and all such trash.

¢ Arrived (says the first entry in the diary) June the 1st. It is very warm. A long journey; the train went up and down mountains. The R. M. [Reverend Mother] pleased with the milk of Switzerland, and with two English children who conversed with her in her own language. † Mary, Mother of Heaven, have pity on all heretics. † Drove in a carriage through streets to a hill called Aventine. The smell of Rome is strange. The new convent large and very dirty. The garden full of roses and little beasts, with a view over the city that is beautiful.
¢ 2 JUNE – Very sunny. There are little beasts in my bed, but not the worst kind. The R. M. at work all day with arrangements for the new convent. She regrets that she is ignorant of the Italian language, but it is of no consequence since all who come here speak our own. His Eminence the Cardinal R– visited the R. M. He laughs much. Bought six scrubbing-brushes from a man with a cart full of iron ware and crockery. Twenty-five beggars slept in the cloister. Fed them in the morning; they had bad manners.
¢ 3 JUNE – † Went with the R. M. to receive the Holy Father's Blessing. † Almost too nervous to open my

«Und ob!» sagte die Äbtissin. Ihre Stimme war die eines zwanzigjährigen Mädchens, doch beim Sprechen hatte sie Tränen in den Augen.

VII

Über die Tätigkeiten der großen heiligmäßigen Äbtissin in der großen heiligen Stadt Rom berichtet das von Schwester Veronika geführte Tagebuch in zeitlicher Folge. Denn Schwester Veronika wurde auserwählt, sie zu begleiten, da sie die älteste von den dreien war und außerdem eine kluge und praktische Frau, die keine Angst hatte vor Fremden, Touristen und derlei Gesindel.

¢ Angekommen (besagt der erste Tagebucheintrag) am 1. Juni. Es ist sehr warm. Lange Reise; der Zug fuhr Berge hinauf und hinunter. Die E. M. (Ehrwürdige Mutter) freute sich über die Milch in der Schweiz und über zwei englische Kinder, die sich mit ihr in ihrer eigenen Sprache unterhielten. Heilige Maria, Mutter des Himmels, hab Mitleid mit allen Ketzern. Fuhren in einer Kutsche durch Straßen auf einen Hügel namens Aventin. Der Geruch Roms ist seltsam. Das neue Kloster weitläufig und sehr schmutzig. Der Garten voller Rosen und kleiner Tiere, mit einem schönen Blick über die Stadt.
¢ 2. Juni. Sehr sonnig. In meinem Bett sind kleine Tierchen, doch nicht von der schlimmsten Sorte. Die E. M. ist den ganzen Tag an der Arbeit mit Vorbereitungen für das neue Kloster. Sie bedauert, dass sie nicht Italienisch kann, doch das hat nichts zu sagen, da ja alle, die hierher kommen, unsere eigene Sprache sprechen. Seine Eminenz, der Kardinal R., suchte die E. M. auf. Er lacht viel. Kaufte sechs Scheuerbürsten von einem Mann mit einem Karren voller Eisenwaren und Geschirr. Fünfundzwanzig Bettler schliefen im Kloster. Fütterte sie am Morgen; sie benahmen sich schlecht.
¢ 3. Juni. Ging mit der E. M., um den Segen des Heiligen Vaters zu empfangen. Fast zu aufgeregt, um die Augen zu

eyes. The Holy Father spoke much to the R. M. It is regrettable that on no occasion can she refrain from laughter. † Mary, Mother of Heaven, implant the spirit of charity in my breast, so that, remembering my own weakness, I may not be censorious of the defects of others. † All the bristles came out of all the scrubbing-brushes.

¢ 4 JUNE – The convent now cleaned and ready. Paid the cleaners, who afterwards made a riot in the clois-ter. Visit from the Papal Secretary, Cardinal M–. He laughs like a boy when the R. M. talks. His sugges-tions were practical, and I told him of the drains. The garden is shady, but the flies are a trouble to the R. M. The gardener, when paid, joined the riot in the cloister.

¢ 5 JUNE – Visited St Peter's and most of the other churches in Rome. Very tired. The R. M. not tired. Two sisters arrived from Brittany.

¢ 6 JUNE – † Sunday. †

¢ 7 JUNE – Visited more churches.

¢ 8 JUNE – More churches. Two sisters from Chambéry.

¢ 9 JUNE – Churches.

¢ 10 JUNE –   ″

¢ 11 JUNE – Extremely hot. The R. M. visited churches alone. Rebuked by R. M. for curiosity when I asked their names.

¢ 12 JUNE – Sister Sophia has jaundice. R. M. visiting churches alone.

And so on. There is a gap in the diary between the 12th and 16th of June, when Veronica was probably nursing Sister Sophia. The entries after the latter date are for the most part very brief:

¢ 17 JUNE – Sophia able to sit in garden, but com-plained of flies, and afraid of little beasts. Drove with

öffnen. Der Heilige Vater sprach viel mit der E. M. Es ist bedauerlich, dass sie sich bei keiner Gelegenheit des Lachens enthalten kann. Maria, Mutter des Himmels, pflanze den Geist der Nächstenliebe in meine Brust, so dass ich, der eigenen Schwäche eingedenk, nicht an den Schwächen anderer herumkrittle. Allen Scheuerbürsten gingen sämtliche Borsten aus.

¢ 4. Juni. Das Kloster jetzt sauber gemacht und fertig. Die Reinigungskräfte bezahlt, die hinterher im Kreuzgang Lärm machten. Besuch von Kardinal M., dem Sekretär des Papstes. Er lacht wie ein Junge, wenn die E. M. plaudert. Seine Anregungen waren praktischer Natur, und ich berichtete ihm von der Abwasser-Situation. Der Garten ist schattig, aber die Fliegen sind der E. M. lästig. Als der Gärtner bezahlt war, schloss er sich dem Krawall im Kreuzgang an.

¢ 5. Juni. Besichtigten St. Peter und die meisten anderen Kirchen in Rom. Sehr müde. Die E. M. nicht müde. Zwei Schwestern aus der Bretagne angekommen.

¢ 6. Juni. Sonntag.

¢ 7. Juni. Weitere Kirchen besichtigt.

¢ 8. Juni. Weitere Kirchen. Zwei Schwestern aus Chambéry.

¢ 9. Juni. Kirchen.

¢ 10. Juni.   "

¢ 11. Juni. Äußerst heiß. Die E. M. besuchte Kirchen allein. Von E. M. wegen Neugierde gerüffelt, als ich nach deren Namen fragte.

¢ 12. Juni. Schwester Sophia hat Gelbsucht. E. M. besuchte Kirchen allein.

Und so weiter. Im Tagebuch ist zwischen 12. und 16. Juni eine Lücke, als Veronika wahrscheinlich Schwester Sophia pflegte. Die Einträge nach dem letztgenannten Datum sind zum größten Teil sehr kurz.

¢ 17. Juni. Sophia konnte im Garten sitzen, beklagte sich aber über Fliegen und fürchtete sich vor Tierchen. Fuhr mit E. M.:

R.M. to the Tre Fontane. † SS. Paul, Bernard, Vincent, and Anastasius, *orate pro nobis.* †

¢ 18 JUNE – Much beset by beggars in the streets. R.M: told me to say *avanti* to them, which means 'go away, avaunt'. When I say it, they march in procession in front of me. Has R.M. mistaken the word?

¢ 19 JUNE – Mother Superior arrived. Italian, but speaks our language. R.M. explained everything to her. Seems sensible, but rolls her eyes. Cardinal R– brought his sister, the Princess V–, to see the convent. A scented woman. Sophia sick again in the evening.

¢ 20 JUNE – † Sunday. † High Mass in St John Lateran. Our last Sunday in Rome. R.M. in low spirits.

¢ 21 JUNE – Very hot. Sophia very sick all day. R.M. visited churches. Letter came in the evening from the Princess V– offering R.M. the use of her villa on the hills for a fortnight. R.M. consulted with me whether it would be good for Sophia to have a change.

¢ 22 JUNE – Sophia very weak. R.M. accepted the offer of Princess V–.

¢ 23 JUNE – Intensely hot. R.M. out all day. Returned exhausted.

¢ 24 JUNE – Left Rome with R.M. and Sophia.

At this point, unfortunately, the diary ceases, but the sojourn made by the three holy women at the Princess V–'s villa is a matter of ecclesiastical history.

VIII

The villa, which stood on the slopes of the Alban Hills, between Frascati and Marino, was a square white edifice which had no particular pretension to beauty. It possessed, however, a delightful garden with a fine view of the Campagna and of Rome. The custodian, who lived in a tiny lodge near the gates,

zu den Tre Fontane. Hl. Paul, Hl. Bernhard, Hl. Vinzenz und Hl. Anastasius, *orate pro nobis*.

¢ 18. Juni. Arg bedrängt von Bettlern auf den Straßen. E.M. trug mir auf, ihnen *avanti* zuzurufen, was bedeutet «verschwindet, weg da!» Wenn ich es sage, marschieren sie in feierlichem Zug vor mir her. Hat E.M. das Wort missverstanden?

¢ 19. Juni. Schwester Oberin angekommen. Italienerin, spricht aber unsere Sprache. E.M. erklärte ihr alles. Scheint vernünftig, rollt aber die Augen. Kardinal R. brachte seine Schwester mit, die Fürstin V., damit sie das Kloster sehe. Eine parfümierte Frau. Sophia abends wieder krank.

¢ 20. Juni. Sonntag. Hochamt im Lateran. Unser letzter Sonntag in Rom. E.M. in gedrückter Stimmung.

¢ 21. Juni. Sehr heiß. Sophia den ganzen Tag sehr krank. E.M. besichtigte Kirchen. Abends kam Brief von der Fürstin V., in dem E.M. für vierzehn Tage die Benutzung ihres Landhauses in den Hügeln angeboten wurde. E.M. beriet sich mit mir, ob eine Luftveränderung Sophia gut täte.

¢ 22. Juni. Sophia sehr schwach. E.M. nahm das Angebot der Fürstin V. an.

¢ 23. Juni. Ungeheuer heiß. E.M. den ganzen Tag aus. Kehrte erschöpft zurück.

¢ 24. Juni. Verließ Rom mit E.M. und Sophia.

An dieser Stelle endet das Tagebuch leider, doch der Aufenthalt der drei frommen Frauen im Landhaus der Fürstin V. ist bereits Gegenstand der Kirchengeschichte.

VIII

Das Landhaus, das an den Hängen der Albanerberge stand, zwischen Frascati und Marino, war ein viereckiges weißes Gebäude, das nicht den Anspruch erhob, besonders schön zu sein. Aber immerhin gehörte ein entzückender Garten dazu – mit einem herrlichen Ausblick auf die Campagna und auf Rom. Der Hausmeister, der in einer winzigen Wohnung in

was a cheerful personage called Marcantonio Beffi. He wore a red shirt and had princely manners. His wife, Gina, who equalled him in amiability though she was less picturesque, looked after the domestic economy of the villa and cooked simple and excellent meals for the nuns. Both Marcantonio and Gina had learnt French from the Princess's maid. The air of the hills proved beneficial almost instantly to the suffering of Sophia; and the abbess, whom immense excursions into antiquity had greatly exhausted, became exuberant with energy. Veronica wrangled incessantly with Gina, whose culinary methods, though they were immensely successful in the result, were startling in process.

It was a pleasant existence, but after about a week Sophia had recovered completely, and therefore the abbess and Veronica had nothing to do, and found their time began to pass very slowly. The abbess gazed wistfully at Rome, and thought of all the interesting relics of the past which she had omitted to see; Veronica's temper became uncertain, and she made sarcastic allusions to Sophia, who displayed the hearty appetite of convalescence.

One morning, however, something happened which gave a new direction to their activity. The abbess, who by this time knew some Italian, was in the garden talking to Marcantonio when a small and ragged urchin entered. He wore a huge wideawake hat which completely hid his face from the sight of anyone taller than himself, and he carried a flask of wine which was presumably destined for Marcantonio's luncheon.

The abbess spoke to the urchin, and the urchin took off his ridiculous hat with a flourish. At the sight of his face the abbess started; it was scarlet, vividly inflamed, and covered with small protuber-

der Nähe der Tore wohnte, war ein heiterer Mensch namens Marcantonio Beffi. Er trug ein rotes Hemd und hatte fürstliche Umgangsformen. Gina, seine Frau, die ihm an Liebenswürdigkeit gleichkam, obschon sie weniger malerisch wirkte, kümmerte sich um die Hauswirtschaft des Landhauses und kochte für die Nonnen einfache ausgezeichnete Mahlzeiten. Sowohl Marcantonio wie Gina hatten von der Hausangestellten der Fürstin Französisch gelernt. Die Luft des Hügellandes erwies sich für das Leiden Sophias fast sofort als zuträglich; die Äbtissin, die durch ausgedehnte Ausflüge in die Antike erschöpft war, begann von Tatkraft zu strotzen. Veronika haderte unablässig mit Gina, deren Kochkünste, wenngleich im Ergebnis ungemein erfolgreich, verblüffend in ihrem Ablauf waren.

Es war ein wohltuendes Leben, doch nach etwa einer Woche hatte sich Sophia völlig erholt; daher hatten die Äbtissin und Veronika nichts zu tun und stellten fest, dass die Zeit anfing, sehr langsam zu vergehen. Die Äbtissin blickte sehnsuchtsvoll auf Rom und dachte an all die aufschlussreichen Reste aus der Vergangenheit, die zu sehen sie versäumt hatte; Veronikas Stimmung wurde unstet; sie machte spöttische Anspielungen auf Sophia, die den herzhaften Appetit einer Genesenden entwickelte.

Eines Morgens jedoch trug sich etwas zu, was ihrer Tätigkeit eine neue Richtung gab. Die Äbtissin, die mittlerweile ein wenig Italienisch konnte, plauderte gerade mit Marcantonio im Garten, als ein kleiner, zerlumpter Bengel hereinkam. Er hatte einen riesigen Schlapphut auf, der sein Gesicht vor jedem verbarg, der größer war als er selber, und er trug eine Flasche Wein, die vermutlich für Marcantonios Imbiss bestimmt war.

Die Äbtissin sprach mit dem Bengel, und der nahm mit schwunghafter Geste seinen lächerlichen Hut ab. Beim Anblick seines Gesichts war die Äbtissin verblüfft: es war scharlachrot, schwer entzündet und mit kleinen Pusteln bedeckt.

ances. She examined him closely and found that her first suspicions were correct. The urchin was suffering from a hearty attack of measles. He admitted that his head was aching violently, and that, when he walked, the landscape and all its details danced a mad tarantella in front of him. Then he sat on a flowerpot and wept many self-pitying tears, whereat the ruthless Marcantonio grinned.

"He can walk; he is not so ill as he believes," he said, standing well to windward of the boy, however. "Down there, around Marino, they have all caught it – the *rosolia* – and some of the people have died – even those of mature age. But what can you expect, blessed lady? They herd together like pigs in the slush." And he threw a self-satisfied glance towards his own neat abode, whence the voice of Gina arose in an outburst of unmelodious song.

The abbess looked thoughtfully at the sufferer for a moment; then she took his hand, led him into the villa, and put him to bed. That afternoon she walked with Veronica to the village whence he had come, and found that Marcantonio had scarcely exaggerated the state of affairs. An epidemic of measles was raging, and also, there was a dangerous low fever which attacked the victims just when they seemed to be convalescent. The two plagues were not confined to the village, but had spread all through the district that lies about the lake of Albano. The inhabitants of this district were for the most part extremely poor, and had notions of hygiene which were worse than rudimentary. Sister Veronica made the acquaintance of several other species of little beasts. The good abbess, undaunted by such drawbacks, and by her own scanty knowledge of Italian, at once set to work – alleviating the conditions of those who were sick, and teaching

Sie untersuchte ihn gründlich und merkte, dass ihre ersten Vermutungen stimmten. Der kleine Bursche litt an einem heftigen Anfall von Masern. Er gab an, dass er fürchterliche Kopfschmerzen hatte und dass, als er unterwegs war, die Landschaft samt all ihren Einzelheiten eine irre Tarantella vor ihm getanzt hatte. Dann setzte er sich auf einen Blumentopf und weinte viele Tränen des Selbstmitleids, worüber der unbarmherzige Marcantonio grinste.

«Er kann gehen; er ist nicht so krank, wie er glaubt», sagte er; aber er wich dem Buben doch etwas aus. «Dort unten, um Marino herum, haben alle sie aufgeschnappt – die *Rosolia* – und etliche Leute sind gestorben – sogar die in reiferem Alter. Doch was können Sie erwarten, hochehrwürdige Dame? Sie drängen sich zusammen wie Schweine im Morast.» Und er warf einen selbstzufriedenen Blick auf sein eigenes schmuckes Heim, aus dem Ginas Stimme in einem Ausbruch unmelodischen Singens erklang.

Die Äbtissin schaute sich den Leidenden einen Augenblick lang nachdenklich an, nahm ihn dann an der Hand, führte ihn in das Landhaus und brachte ihn zu Bett. An jenem Nachmittag ging sie mit Veronika zu dem Dorf, aus dem er gekommen war und fand heraus, dass Marcantonio den Stand der Dinge kaum übertrieben hatte. Eine Masernepidemie wütete; auch befiel die Armen eine gefährliche Untertemperatur, wenn sie gerade auf dem Weg der Genesung zu sein schienen. Die zwei Seuchen waren nicht auf das Dorf beschränkt, sondern hatten sich im ganzen Bezirk um den Albanersee herum ausgebreitet. Die Bewohner dieses Bezirks waren zum größten Teil äußerst arm und hatten Vorstellungen von Gesundheitspflege, die dürftig waren, ja schlimmer noch. Schwester Veronika machte die Bekanntschaft einiger weiterer Arten von kleinen Biestern. Die gute Äbtissin, nicht abgeschreckt durch derartige Rückschläge und ihre eigenen spärlichen Italienischkenntnisse, ging sofort an die Arbeit: Sie linderte die Lebenslage derer, die

those who were well to take the obvious precautions against infection. Sometimes she made Marcantonio come with her as interpreter; Marcantonio hated the office, but nevertheless obeyed. Veronica became active and contented, and Sophia sulked because she was not allowed to share in the work, but might only nurse the small boy at the villa.

"We have only a week," said the abbess; "but miracles may happen in a week."

A day or two later something happened which, if not a miracle, seemed at any rate an intervening of Providence on behalf of the good work. A letter came from the Mother Superior of the orphanage where the abbess and nuns had taken shelter after they had left Saint-Ernoul, bringing the news that the Minister of the Interior had swooped upon her domain, and that therefore she was unable to offer any further hospitality to the abbess. The letter was forwarded to Cardinal R–, and by return of post a note came from his sister begging the abbess to regard the villa as her own for so long as she wished.

The abbess rejoiced, and pushed on her work with renewed vigour. The Princess V– sent her doctor – a brilliant young man, who dressed very smartly and had no particular love for religious orders or squalid peasants. But he promptly fell in love with the abbess, and it is rumoured that he neglected all kinds of rich and fashionable neurotics in Rome for her sake. In spite of this combination of energy and genius, the epidemic increased; there were more deaths and the poor people grew despondent and gave themselves up for lost as soon as they felt slightly unwell. The abbess toiled and toiled until she grew perceptibly thinner, curtailing her sleep and tramping from cottage to cottage with food

krank waren und lehrte diejenigen, die gesund waren, die naheliegenden Vorsichtsmaßnahmen gegen die Ansteckung zu ergreifen. Manchmal nahm sie Marcantonio als Dolmetscher mit; der hasste diesen Dienst, fügte sich aber dennoch. Veronika wurde tätig und zufrieden, und Sophia schmollte, weil sie sich an der Arbeit nicht beteiligen, sondern nur den kleinen Jungen im Landhaus pflegen durfte.

«Wir haben bloß eine Woche Zeit», sagte die Äbtissin, «doch Wunder können auch in einer Woche geschehen.»

Einen Tag oder zwei darauf geschah etwas, das, wenn es schon kein Wunder war, so jedenfalls wie ein Eingreifen der Vorsehung zu Gunsten eines guten Werkes erschien. Aus dem Waisenhaus, in dem die Äbtissin und Nonnen nach dem Abzug aus Saint-Ernoul eine Bleibe gefunden hatten, kam ein Brief von der Schwester Oberin, in dem die Nachricht stand, der Innenminister sei über ihren Grundbesitz hergefallen und sie könne daher der Äbtissin nicht länger Gastfreundschaft gewähren. Der Brief wurde an Kardinal R. weitergeleitet, und postwendend traf eine Mitteilung seiner Schwester ein, in der die Äbtissin gebeten wurde, das Landhaus, solange sie wolle, als das ihre zu betrachten.

Die Äbtissin war hocherfreut und trieb ihre Arbeit mit wieder erlangter Kraft voran. Fürstin V. schickte ihren Arzt, einen ausgezeichneten jungen Mann, der sich sehr vornehm kleidete und keine sonderliche Vorliebe für religiöse Orden oder schmutzige Bauern hatte. Doch er verliebte sich auf der Stelle in die Äbtissin, und das Gerücht ging, er vernachlässige ihretwegen alle Arten von reichen, feinen Neurotikern in Rom. Trotz dieser Verbindung von Tatkraft und überragender Begabung breitete sich die Seuche weiter aus; es gab mehr Tote, und die armen Leute wurden verzagt und gaben sich selber auf, sobald sie sich leicht unwohl fühlten. Die Äbtissin werkelte und schuftete, bis sie merklich dünner wurde; sie schränkte ihren Schlaf ein und stapfte mit Nahrung und Arznei von Hütte zu Hütte. Veronika war von einem verzeh-

and medicine; Veronica was possessed by a devouring devil of energy, and the young doctor soiled innumerable specimens of exquisite linen in the dirt of plague-stricken hovels. But though the measles abated, the fever assumed a more severe form as the heat increased. At last, one evening when three children and an old woman had died, the doctor, who was in consultation with the abbess at the villa, admitted that he began to share the general despondency.

"We should have an army of workers, Madame," he said, "though, certainly, you have an army in yourself. The poor people are becoming panic-stricken; they believe that the Madonna delle Grazie of Marino has frowned upon them. They are strangely superstitious – I demand pardon – easily depressed. The procession of the Holy Picture has so far failed to reassure them."

"We must send for more quinine," said the abbess.

"All the quinine in the world can't save people who are certain that they are on the brink of death," said the doctor, "and imagine that their patron saints have forsaken them. A propos, there is one thing that they are always demanding."

"What is it?" asked the abbess.

The doctor laughed quickly and glanced at her with a tiny glint of malice in the full, intensely black eyes. He brushed the sleeve of his smart flannel suit with the back of his hand and twisted his wiry moustache.

"A relic of some holy person," he answered. "Or, better still, several relics. It appears that there are few in the district, and that these have not proved very – efficacious." He smiled at the abbess, who looked solemn and nodded thoughtfully.

"As you know, dear Madame," he said, "I know

renden Arbeitsteufel besessen, und der junge Arzt befleckte zahllose Stücke hervorragenden Leinens mit Schmutz von Elendsquartieren, die von der Seuche befallen waren. Doch obschon die Masern im Abklingen waren, nahm das Fieber eine ernstere Form an, weil die Hitze stärker wurde. Als schließlich an einem Abend drei Kinder und eine alte Frau gestorben waren, räumte der Arzt bei einer Besprechung mit der Äbtissin im Landhaus ein, dass er anfing, die allgemeine Verzagtheit zu teilen.

«Wir müssten ein Heer von Helfern haben, Madame», sagte er, «obschon Sie gewiss in sich selbst ein solches Heer besitzen. Die armen Leute geraten außer sich; sie glauben, Madonna delle Grazie von Marino habe missbilligend auf sie herabgeblickt. Sie sind seltsam abergläubisch – ich bitte um Verzeihung – in etwas gedrückter Stimmung. Der feierliche Umzug mit dem Heiligen Bild hat es bislang nicht vermocht, sie zu beschwichtigen.»

«Wir müssen mehr Chinin bestellen», sagte die Äbtissin.

«Alles Chinin der Welt kann die Menschen nicht retten, die sich sicher sind, dass sie am Rand des Grabes stehen», sagte der Arzt, «und glauben, dass ihre Schutzheiligen sie verlassen hätten. Übrigens, es gibt etwas, wonach sie immer wieder verlangen.»

«Und was ist das?» fragte die Äbtissin.

Der Arzt lachte lebhaft und blickte sie mit einem leichten boshaften Schimmern in den lebhaften, tiefschwarzen Augen an. Er wischte den Ärmel seines eleganten Flanellanzugs mit dem Handrücken ab und zwirbelte seinen drahtigen Schnurrbart.

«Eine Reliquie von irgendeiner heiligen Persönlichkeit», antwortete er. «Oder besser noch: mehrere Reliquien. Anscheinend gibt es wenige im Bezirk, und die haben sich nicht als besonders – wirkungsvoll erwiesen.» Er lächelte die Äbtissin an, die feierlich dreinblickte und nachdenklich nickte.

«Wie Sie wissen, liebe gnädige Frau», sagte er, «verstehe

nothing of such things. I am concerned only with the practical side of the healer's art." And he bowed half-ironically to her.

The abbess regarded him sternly, and then her face puckered into a reluctant smile.

"You may be an infidel," she said gruffly, "but at any rate you're a very kind infidel. I've seen you at work." And when she had spoken the young doctor suddenly lost all his perkiness and ironical swagger and looked like an embarrassed boy.

"I beg your pardon," he said after a moment, "and I advise you to obtain some relics from Rome."

"I shall go there tomorrow," said the abbess.

And on the next day she went. Before departing she warned Veronica to expect a box containing relics and to make enquiries at the post office if it did not arrive within forty-eight hours. For she had determined to pass two days in Rome in order to enlist the sympathy of certain influential persons on behalf of her poor people.

When she reached the city she drove at once to the Vatican and explained the whole affair to Cardinal R–. His Eminence was extremely sympathetic, and despatched a messenger to some address which the abbess did not overhear. Whilst they were awaiting his return the Princess V– was announced. This scented but kindly woman was delighted to see the abbess, asked all sorts of questions about the poor *contadini*, and insisted that the holy woman was to sleep for two nights in her palace. The abbess had intended to stay at the convent, but eventually she accepted the princess's invitation. Then the messenger returned, bearing a large wooden box which contained many holy bones, fragments of hair, and something in a bottle with proved to be a toe-nail. The Cardinal

ich nichts von solchen Dingen. Ich befasse mich nur mit der praktischen Seite der Heilkunst.» Und er verbeugte sich halb ironisch vor ihr.

Die Äbtissin betrachtete ihn streng und verzog dann widerwillig die Lippen zu einem Lächeln.

«Sie sind vielleicht ein Ungläubiger», sagte sie mürrisch, «aber Sie sind jedenfalls ein sehr wohlwollender Ungläubiger. Ich habe Sie bei der Arbeit gesehen.» Als sie das gesagt hatte, verlor der Arzt auf einmal seine ganze Keckheit und spöttische Großspurigkeit und sah wie ein verlegener Bub aus.

«Verzeihen Sie», sagte er nach einer kleinen Weile. «Ich rate Ihnen, von Rom ein paar Reliquien zu erwerben.»

«Ich werde morgen hinfahren», sagte die Äbtissin.

Am nächsten Tag fuhr sie los. Vor der Abreise machte sie Veronika darauf aufmerksam, sie würde einen Behälter mit Reliquien erhalten. Sie möge sich an der Post erkundigen, wenn er nicht binnen achtundvierzig Stunden eintreffe. Denn sie hatte sich entschieden, zwei Tage in Rom zu verbringen, um das Mitgefühl bestimmter einflussreicher Personen zu Gunsten ihrer armen Leute zu gewinnen.

Als sie die Stadt erreichte, fuhr sie sofort zum Vatikan und erklärte Kardinal R. die ganze Geschichte. Seine Eminenz war äußerst verständnisvoll und schickte einen Boten zu einer Adresse, die die Äbtissin nicht mithörte. Während sie auf dessen Rückkehr warteten, wurde Fürstin V. angekündigt. Diese parfümierte, aber gütige Dame war entzückt, die Äbtissin zu sehen, stellte alle möglichen Fragen über die arme Landbevölkerung und bestand darauf, dass die heiligmäßige Frau zwei Nächte in ihrem Palast schlafen sollte. Die Äbtissin hatte vorgehabt, im Kloster zu bleiben, doch schließlich nahm sie die Einladung der Fürstin an. Dann kam der Bote zurück; er trug eine große Holzkiste, die viele heilige Gebeine enthielt sowie Haarreste und etwas in einer Flasche, das sich als Zehennagel entpuppte. Der Kardinal ließ sich weitschweifig über die Herkunft und die Wirksamkeit der Reliquien aus,

expatiated on the origin and the merit of the relics, and even whilst he did so the abbess nailed up the box, corded it, sealed it, and addressed it to Sister Veronica. She intended to send explanations and instructions that evening. The messenger took the box to the post office, and the abbess departed on her round of visits. She had only paid three when a remarkable event happened. The day was very hot, the abbess was overwrought with nursing and late hours. As she was descending the steps of the Trinità de' Monti she fainted. She recovered consciousness immediately, and was assisted into a carriage by some sympathetic passers-by. But when she reached the palace of Princess V– she was too ill to do anything but go to bed, and far too ill to write to Veronica.

IX

At Grottaferrata, half-way between Frascati and Marino, dwelt an aged and very surly man named Angelo Grazioli. He was a professional beggar, and earned a decent income by making himself a nuisance to all the tourists who visited the district. The venerable rogue existed in extreme squalor, but it was believed by his neighbours that he had a comfortable sum invested in government securities. He lived with his daughter, a grim lady of some forty-five years; they quarrelled incessantly.

Shortly before the arrival of the abbess, Angelo Grazioli fell sick of a fever, and took to his bed, where he alternately bemoaned his imminent demise and reviled his daughter, who did not believe that he was really ill, and called him a lazy old fool. He became rapidly worse, and when the abbess and the doctor visited him, they had scarcely the faintest hope of his recovery. Marcantonio shared their fore-

und schon währenddessen nagelte die Äbtissin die Kiste zu, verschnürte und versiegelte sie und versah sie mit der Anschrift der Schwester Veronika. Sie beabsichtigte, noch an diesem Abend Erklärungen und Anweisungen abzusenden. Der Bote schaffte die Kiste zum Postamt, und die Äbtissin brach zu ihrer Besuchsrunde auf. Sie hatte erst drei Besuche hinter sich, als sich etwas Bemerkenswertes ereignete. Der Tag war sehr heiß, die Äbtissin war übermüdet von der Pflegearbeit und dem langen Arbeitstag. Als sie gerade die Stufen von Trinità de' Monti herabstieg, wurde sie ohnmächtig. Sie kam alsbald wieder zu sich; mitfühlende Leute, die gerade vorbeikamen, halfen ihr in eine Kutsche. Doch als sie den Palast der Fürstin V. erreichte, war sie zu krank, um etwas anderes zu tun als das Bett aufzusuchen, und viel zu krank, um an Veronika zu schreiben.

IX

In Grottaferrata, auf halbem Weg zwischen Frascati und Marino, wohnte ein betagter, sehr griesgrämiger Mann namens Angelo Grazioli. Von Beruf war er Bettler und verdiente sich ein annehmbares Einkommen, indem er allen Touristen, die den Bezirk besuchten, lästig fiel. Der ehrwürdige Gauner lebte in äußerster Verwahrlosung, doch seine Nachbarn glaubten, er habe einen ansehnlichen Betrag in Wertpapieren der Regierung angelegt. Er lebte zusammen mit seiner Tochter, einer grimmigen Dame von etwa fünfundvierzig; sie stritten dauernd.

Kurz nach der Ankunft der Äbtissin erkrankte Grazioli, bekam Fieber und legte sich ins Bett, wo er abwechselnd sein bevorstehendes Hinscheiden beklagte und seine Tochter schmähte, die nicht glaubte, dass er wirklich krank war und ihn einen faulen, alten Narren nannte. Rasch verschlechterte sich sein Zustand, und als die Äbtissin und der Arzt ihn besuchten, hatten sie kaum mehr die schwächste Hoffnung auf seine Genesung. Marcantonio teilte ihre Vorhersagen,

bodings, but was resigned. "The old Angelo has orders to march," he informed everyone whom he met. "He doesn't like it, but it is the will of God, and certainly he was a very great rogue."

On the day after the abbess went to Rome, it seemed that Angelo was about to obey the orders mentioned by Marcantonio. Sister Veronica sat by his bedside all the morning, and his daughter, scared at last, wept copiously in the background. About four o'clock in the afternoon, however, he rallied slightly, and when she had done everything that was possible, Veronica seized the opportunity of returning to the villa for some medicine. When she arrived, she found Sister Sophia drooping in ecstatic contemplation over a large box.

"Dear Veronica," said Sophia, "the holy relics have come. I recognize the handwriting of the Reverend Mother, and already a heavenly fragrance has spread through the house."

Veronica inspected the box. She, too, recognized the handwriting of the abbess on the label. At the other end of the box was another label, and on it was printed in large letters the one word SPEDITO. Veronica's experience of Italian parcels was small. She stared at the word and wondered what it meant.

"We had better open it," she said. They took off the lid. Inside they found the holy bones and the bottle containing a toe-nail. Kneeling, they touched the relics reverently. But though they searched in every corner of the box, they found nothing to tell them the names of the original owner or owners of these glorious fragments. Veronica was much perplexed; she was convinced that the abbess would not have forgotten such an important matter. Sophia was nearly sure that the object in the bottle

hatte sich aber damit abgefunden. «Der alte Angelo hat den Marschbefehl», verkündete er jedem, dem er begegnete. «Er mag zwar nicht, doch es ist Gottes Wille, und gewiss war er ein großer Spitzbube.»

Einen Tag nachdem die Äbtissin nach Rom gefahren war, hatte es den Anschein, Angelo sei im Begriff, den von Marcantonio erwähnten Befehl zu befolgen. Schwester Veronika saß den ganzen Morgen an seinem Bett, und seine Tochter, die endlich erschrocken war, heulte sich im Hintergrund die Augen aus. Jedoch um etwa vier Uhr nachmittags erholte er sich leicht, und als sie alles getan hatte, was möglich war, ergriff Veronika die Gelegenheit, in das Landhaus zurückzukehren, um Arznei zu holen. Als sie dort ankam, traf sie Schwester Sophia an, in entzückter Betrachtung über einer großen Kiste zusammengesunken.

«Liebe Veronika», sagte Sophia, «die heiligen Reliquien sind angekommen. Ich erkenne die Handschrift der Ehrwürdigen Mutter, und durch das Haus hat sich schon ein himmlischer Duft verbreitet.»

Veronika untersuchte die Kiste. Auch sie erkannte die Handschrift der Äbtissin auf dem Aufkleber. Am anderen Ende der Kiste war ein weiterer Aufkleber, darauf war in Großbuchstaben ein einziges Wort gedruckt: SPEDITO. Veronikas Erfahrung mit italienischen Paketen war gering. Sie starrte auf das Wort und fragte sich, was es wohl bedeutet.

«Wir sollten das Ding öffnen», sagte sie. Sie nahmen den Deckel ab. Drinnen fanden sie die heiligen Gebeine und die Flasche, die einen Zehennagel enthielt. Kniend berührten sie ehrfurchtsvoll die Reliquien. Doch obwohl sie in jeder Ecke der Kiste danach suchten, fanden sie nichts, was ihnen die Namen des ursprünglichen Eigentümers oder der Eigentümer dieser wunderwirkenden Überbleibsel verriet. Veronika war sehr verblüfft; sie war überzeugt, dass die Äbtissin so etwas Wichtiges nicht vergessen hätte. Sophia war sich fast sicher, dass der Gegenstand in der Flasche zu einem be-

belonged to a certain holy man of the fourth century who was famous for allowing his finger-nails and toe-nails to grow exceedingly long. But Veronica was scornful of her theories, and became, indeed, quite cross.

"It's impossible to go down to the sick people and tell them that these bones belong to so-and-so when really they belong to someone quite different," she said, "and if we say that we don't know whose bones any of them are, they won't have any faith in them. They'll think they belong to some saint who takes no interest in the district."

"Then we must wait until the Reverend Mother returns," said Sophia.

"I don't want to wait," said Veronica. "I want to take them to Angelo Grazioli this very evening. There is a fine chance of a miracle. Oh, there must be a name somewhere!"

She turned over the lid of the box. Then she uttered an exclamation of surprise and joy. "Look!" she cried.

She was pointing to the large label.

"How blind we were!" she said. "That is the name of the saint."

Sophia peered at the label. "Spedito", she spelled slowly. "It that really the name?"

"No, of course it's not, foolish one," retorted Veronica. "S stands for saint. Pedito is his name. Saint Pedito. It's clear enough."

"I don't seem to remember him," murmured Sophia.

"You are a very ignorant young woman, and I am a very ignorant old one," said Veronica. "Who are we that we should presume to remember all the glorious names in the calendar? And Pedito is without doubt the Italian way of pronouncing the name of

stimmten Heiligen des vierten Jahrhunderts gehörte, der dafür berühmt war, dass er seine Finger- und Zehennägel außergewöhnlich lang wachsen ließ. Doch Veronika hatte nur Verachtung für ihre Einbildung übrig und wurde tatsächlich richtig ärgerlich.

«Es ist unmöglich, zu den armen Leuten hinunterzugehen und ihnen zu sagen, dass diese Gebeine dem Soundso gehören, wenn sie in Wirklichkeit jemandem ganz anderen gehören», sagte sie, «und wenn wir sagen, dass wir nicht wissen, wessen Gebeine zu wem gehören, werden sie kein Vertrauen in sie haben. Sie werden denken, dass sie die eines Heiligen sind, dem der Bezirk gleichgültig ist.»

«Dann müssen wir warten, bis die Ehrwürdige Mutter zurückkommt», sagte Sophia.

«Ich will nicht warten», sagte Veronika. «Ich will sie noch heute Abend zu Angelo Grazioli mitnehmen. Es besteht gute Aussicht auf ein Wunder. Oh, da muss doch irgendwo ein Name sein!»

Sie drehte den Deckel der Kiste um. Dann stieß sie einen Ausruf der Überraschung und Freude aus. «Schau!» rief sie.

Sie zeigte auf den großen Aufkleber.

«Wie blind wir doch waren!» sagte sie. «Das ist der Name des Heiligen.»

Sophia guckte auf den Aufkleber. «Spedito», buchstabierte sie langsam. «Ist das wirklich der Name?»

«Nein, selbstverständlich nicht, du Dummerchen», erwiderte Veronika. «S steht für Sankt. Pedito heißt er. Sankt Pedito. Es ist doch klar genug.»

«Irgendwie erinnere ich mich nicht an ihn», murmelte Sophia.

«Du bist eine recht ahnungslose junge Frau, und ich eine sehr ahnungslose alte», sagte Veronika. «Wer sind wir denn, dass wir uns anmaßen sollten, all die ruhmreichen Namen des Kalenders im Gedächtnis zu behalten? Und Pedito ist zweifellos die italienische Art, den Namen eines Heiligen auszu-

some saint whom we know well under another title – possibly the blessed Saint Peter himself."

"Ah! I understand," said Sophia, looking hopelessly befogged.

"Whoever he is," continued Veronica triumphantly, "he was very holy, or the Reverend Mother would never have sent his portions. And the wax is sealed with the seal of an Eminence – you can see the hat above the shield. And now pack up the box for Marcantonio to carry. I am going to the dispensary to make medicine for the old Angelo."

Sophia obeyed, and as soon as the medicine was prepared they summoned Marcantonio. He entered with his hat in his hand, grinning cheerfully.

"The holy relics have arrived," said Veronica.

Marcantonio dropped on one knee and crossed himself. Then he rose and gazed with great reverence at the box.

"Ah!" he said. "And what may be the name of the glorious defunct?"

"Saint Pedito," answered Veronica.

Marcantonio repeated the words thoughtfully. "I cannot recall the name, but I am only a poor ignorant sinner," he confessed. "No doubt Gina will know it. Gina is very wise concerning saints, and is always rebuking me for a fool in such matters." He went to the window, made a trumpet of his hands, and shouted "Gina!" There was an answering cry from the garden, and in another moment Gina appeared. Her bare arms smelt powerfully of onions.

"What do you desire, blessed ladies?" she asked.

"Gina, my beloved one," said Marcantonio, "do you know a saint called Saint Pedito?"

Gina surveyed him scornfully.

"Saint Pedito!" she cried. "If I know him! Only

sprechen, den wir recht wohl unter einem anderen Namen kennen – möglicherweise der heilige Petrus selber.»

«Ah, ich verstehe», sagte Sophia und blickte hoffnungslos verwirrt drein.

«Wer er auch ist», fuhr Veronika auftrumpfend fort, «er war sehr heilig, sonst hätte die Ehrwürdige Mutter niemals die Teile von ihm geschickt. Und das Wachs ist gesiegelt mit dem Siegel einer Eminenz – man kann den Hut über dem Wappenschild sehen. Pack nun die Kiste zusammen, damit Marcantonio sie tragen kann. Ich gehe jetzt zur Apotheke, um für den alten Angelo Arznei zuzubereiten.»

Sophia gehorchte, und sobald die Medizin fertig war, riefen sie Marcantonio. Er kam herein mit dem Hut in der Hand und grinste vergnügt.

«Die heiligen Reliquien sind angekommen», sagte Veronika.

Marcantonio fiel auf die Knie und bekreuzigte sich. Dann stand er auf und starrte mit großer Ehrfurcht auf die Kiste.

«Ah!» sagte er. «Und wie mag der wundertätige Verstorbene heißen?»

«Sankt Pedito», antwortete Veronika.

Marcantonio wiederholte die Worte mit Bedacht. «Ich kann mich an den Namen nicht erinnern, doch ich bin nur ein armer, unwissender Sünder», bekannte er. «Wahrscheinlich kennt Gina ihn. Gina ist, was Heilige angeht, sehr beschlagen und wirft mir immer wieder vor, dass ich in solchen Dingen ein Dummkopf bin.» Er ging zum Fenster, formte die Hände zu einem Trichter und rief «Gina!» Vom Garten her ertönte eine Antwort, und einen Augenblick später erschien Gina. Ihre nackten Arme rochen gewaltig nach Zwiebeln.

«Was wünschen Sie, ehrwürdige Damen?» fragte sie.

«Gina, Allerliebste», sagte Marcantonio, «kennst du einen Heiligen namens Sankt Pedito?»

Gina musterte ihn verächtlich.

«Sankt Pedito!» rief sie. «Und ob ich ihn kenne! Nur ein

a fool would be ignorant of so holy a man; a healer, a prophet, a martyr, a worker of miracles! Was he not the patron saint of my paternal aunt and of my mother's mother! Know him, indeed!"

Marcantonio beamed with pride.

"You see, blessed ladies, she knows him. She knows them all. There is not a saint in the Calendar of whom she is ignorant. In that box, my Gina," he continued, "you see the bones of the blessed and glorious Saint Pedito. For whom be praise *in saecula saeculorum*, Amen." Gina crossed herself and contemplated the relics.

"You spoke of him as a healer, Gina," said Veronica; "do you know what diseases he was especially fond of healing?"

"Mumps, measles, toothache, malaria, typhoid, boils, rheumatism, colic, and the itch," answered Gina, enumerating, without a second's hesitation, the ailments with which she was most familiar. Veronica and Sophia rejoiced greatly, and intimated to Marcantonio that they were ready to start. Marcantonio picked up the box, balanced it on his shoulder, and strode out. The liar went back to her onions.

As they walked towards Grottaferrata, Veronica noticed that a cool and healthful wind was blowing across the Campagna, and, later, that the air in the village seemed fresher than she had ever known it.

x

When they reached the hovel of Angelo Grazioli the daughter met them at the door, and with much wailing informed them that the old man was already *in extremis*. They found him sitting up in bed, gasping for breath and rolling his eyes terribly. Sister Sophia sank to her knees and began to recite the prayers for the dying, but Marcantonio took a less despondent

Trottel würde, einen solchen Heiligen nicht kennen; der war ein Heiler, Prophet, Märtyrer, Wundertätiger! War er nicht der Schutzheilige meiner Tante väterlicherseits und der Mutter meiner Mutter! Wie soll ich den nicht kennen!»

Marcantonio strahlte vor Stolz.

«Sie sehen, meine ehrwürdigen Damen, sie kennt ihn. Sie kennt sie alle. Es gibt keinen Heiligen im Kalender, den sie nicht kennt. In dieser Kiste, liebe Gina», fuhr er fort, «siehst du die Gebeine des seligen erhabenen Sankt Pedito. Der gebenedeit sei *in saecula saeculorum*, Amen.» Gina bekreuzigte sich und versenkte sich in die Betrachtung der Reliquien.

«Sie haben von ihm als einem Heiler gesprochen, Gina», sagte Veronika, «wissen Sie, welche Krankheiten er besonders gern heilte?»

«Mumps, Masern, Zahnweh, Malaria, Typhus, Geschwüre, Rheuma, Kolik und die Krätze», antwortete Gina. Dabei zählte sie, ohne auch nur eine Sekunde lang zu zögern, die Leiden auf, mit denen sie am besten vertraut war. Veronika und Sophia waren hocherfreut und gaben Marcantonio zu verstehen, dass sie bereit seien aufzubrechen. Marcantonio hob die Kiste auf, wuchtete sie sich auf die Schulter und schritt ins Freie. Die Lügnerin begab sich zu ihren Zwiebeln zurück.

Wie sie auf Grottaferrata zugingen, bemerkte Veronika, dass ein kühler, heilsamer Wind über die Campagna blies und später, dass die Luft im Dorfe frischer zu sein schien, als sie sie je erlebt hatte.

x

Als sie Angelo Graziolis Behausung erreichten, wurden sie von der Tochter an der Tür empfangen, und mit viel Gejammer sagte sie zu ihnen, der alte Mann läge schon im Sterben. Sie trafen ihn im Bett sitzend an; er rang nach Atem und rollte fürchterlich die Augen. Schwester Sophia sank auf die Knie und begann, die Sterbegebete zu sprechen, doch Marcantonio trug eine weniger verzagte Einstellung

view, addressing the old man cheerfully, and indeed gaily.

"Let us have no more of that groaning, you old rascal," he said, "for here is a blessed saint come on purpose to give you one more chance of mending your ways and living in decency. Behold the relics of the ever-blessed and glorious San Pedito, prophet and martyr."

The old man's gasps ceased. "I never heard of him," he said sullenly, glaring at the relics.

"Which only shows", said the irrepressible Marc-antonio, "what a besotted old ignoramus you are. Any person of ordinary education and piety knows that he was the patron saint of all holy women; that he was not only a prophet and martyr but a healer, a worker of miracles, when called on to intervene in bad cases of mumps, measles, malaria, toothache, typhoid, boils, colic, and the itch. Am I not right, blessed ladies? So touch the relics and try to repent your long career of roguery."

And after this eloquent exordium Sister Veronica brought the relics one by one to the bedside.

Now whether the bones and the hair and the toe-nail which were attributed to the late Saint Pedito had really belonged to some person of extraordinary and contagious virtue, or whether the cool wind that blew across the Campagna brought a healing influence – on this vexed question it is not the province of the present historian to decide. The abbess had her opinion and the doctor had his, and they did not agree. It is sufficient to chronicle the hard fact that as soon as Angelo had touched the relics his condition began to improve. He slept, he was able to take nourishment, he ceased to anticipate death, and he swore more heartily than ever at his daughter.

zur Schau; er sprach den alten Mann heiter, geradezu fröhlich an.

«Jetzt kein Gestöhne mehr, du alter Schurke», sagte er, «denn hier ist ein Heiliger, der eigens zu dir gekommen ist, um dir noch einmal Gelegenheit zu geben, dich zu bessern und ein anständiges Leben zu führen. Betrachte die Reliquien des seligen Sankt Pedito, eines Propheten und Märtyrers.»

Das Keuchen des alten Mannes hörte auf. «Ich habe nie von ihm gehört», sagte er verdrießlich und starrte auf die Reliquien.

«Was nur zeigt», sagte der nicht zu bremsende Marcantonio, «was für ein dämlicher alter Trottel du bist. Jeder Mensch mit gewöhnlicher Bildung und Frömmigkeit weiß, dass er der Schutzheilige aller heiligmäßigen Frauen war; dass er nicht nur Prophet und Märtyrer, sondern auch ein Heiler war, einer, der Wunder wirkte, wenn er angefleht wurde, um sich schlimmer Fälle von Mumps, Masern, Malaria, Zahnweh, Typhus, Geschwüren, Koliken und Krätze anzunehmen. Hab ich nicht recht, ihr frommen Damen? Berühr also die Reliquien und versuche, deine lange Ganovenlaufbahn zu bereuen.»

Und nach dieser beredten Einleitung brachte Schwester Veronika die Reliquien nacheinander ans Bett.

Ob nun die dem Sankt Pedito zugeschriebenen Gebeine, die Haare und der Zehennagel tatsächlich zu einer Person von außergewöhnlicher, ansteckender Tugend gehörten hatten oder ob der kühle Wind, der über die Campagna blies, einen heilenden Einfluss mit sich brachte – diese verzwickte Frage zu entscheiden, ist nicht Sache des Historikers von heute. Die Äbtissin hatte ihre Ansicht, der Arzt hatte die seine, und sie waren sich nicht einig. Es genügt, die harte Tatsache zu berichten: sobald Angelo die Reliquien berührt hatte, fing sein Zustand an, sich zu bessern. Er schlief, konnte Nahrung zu sich nehmen, hörte auf, den Tod zu erwarten und verfluchte seine Tochter kräftiger denn je. Am

On the next day the doctor pronounced him out of danger, and in a week he was once more annoying travellers on the Appian Way.

He displayed no very marked symptoms of gratitude for the miracle that had been accomplished by the relics; but his daughter, who was pious though cantankerous, conceived a fervent admiration for Saint Pedito, and at once spread the news of his virtues throughout the district. During the three days when the abbess lay ill in the palace of Princess V— the relics were borne by Veronica and Sophia to every sick-bed that it was possible for them to reach, and in every case, whether it was one of fever or measles or any other of the unpleasant diseases enumerated by Gina, the patient was soon on the mend. The fame of Saint Pedito spread far and wide over the Campagna; processions of the devout came from Tivoli, Palestrina, Subiaco, and Segni; a lame beggar who dwelt on the sea coast was brought on a litter, and subsequently walked all the way back to Ostia, singing and rejoicing. The drivers of oil-carts and wine-carts were voluble in praise of the saint and carried his fame to Rome, and very soon the priests in the churches of Trastevere were harassed with enquiries as to why there were no altars dedicated to so holy a martyr and healer. When the story reached the Vatican is unknown, but the abbess heard it forty-eight hours after the miracle of old Angelo, on the very day when she was packing her carpet bag to return to the villa. She uttered a brief but emphatic exclamation and took the first train to Frascati.

Veronica met her at the gates of the garden. One glance at her was enough to tell the abbess that she was in a state of religious ecstasy that bordered on delirium. The abbess assumed her sternest expression.

nächsten Tag erklärte ihn der Arzt für außer Gefahr, und eine Woche darauf belästigte er schon wieder Touristen auf der Via Appia.

Er ließ keine sehr ausgeprägten Zeichen von Dankbarkeit für das von den Reliquien bewirkte Wunder erkennen, aber seine Tochter, die fromm, wenngleich zänkisch war, entwikkelte eine glühende Bewunderung für Sankt Pedito, und verbreitete die Nachricht von seinen Erfolgen im ganzen Bezirk. Während der drei Tage, an denen die Äbtissin krank im Palast der Fürstin V. lag, trugen Veronika und Sophia die Reliquien an jedes Krankenbett, das für sie erreichbar war, und in jedem Fall, ob es sich nun um Fieber oder Masern oder ein anderes der von Gina aufgezählten unerfreulichen Leiden handelte, war der Patient bald auf dem Wege der Besserung. Sankt Peditos Ruhm verbreitete sich überall in der Campagna; Prozessionen von Gläubigen kamen aus Tivoli, Palestrina, Subiaco und Segni; ein lahmer Bettler, der an der Meeresküste lebte, wurde auf einer Bahre herbeigeschafft und legte hinterher zu Fuß den ganzen Weg nach Ostia singend und frohlockend zurück. Die Fahrer von Öl- und Weinkarren priesen zungenfertig den Heiligen und trugen seinen Ruhm nach Rom, und sehr bald wurden die Priester in den Kirchen von Trastevere behelligt mit Anfragen, warum einem so heiligmäßigen Märtyrer und Heiler keine Altäre geweiht waren. Wann die Geschichte den Vatikan erreichte, ist nicht bekannt, doch die Äbtissin hörte innerhalb von vierundzwanzig Stunden nach dem Wunder am alten Angelo davon, genau an dem Tag, als sie ihren Reisesack packte, um in das Landhaus zurückzukehren. Sie stieß einen kurzen, aber nachdrücklichen Schrei aus und nahm den ersten Zug nach Frascati.

Veronika empfing sie am Gartentor. Ein Blick auf sie genügte der Äbtissin, um zu merken, dass sie sich in einem Zustand religiöser Verzückung befand, der an Fieberwahn grenzte. Die Äbtissin setzte ihre strengste Miene auf.

"Veronica," she said, "you have done a dreadful thing."

Veronica stared at her.

"I, Reverend Mother?" she cried in amazement. Then her voice became inspired, rhapsodical. "I have done a wonderful, wonderful thing," she chanted, "a thing that shall never be forgotten, a deed of glory. I have brought back a saint to the earth, and he has healed the sick and caused the lame to walk. And I did it, I, poor Veronica! Not unto me be the glory." She gathered breath for a new outburst, but the abbess cut her short.

"Calm yourself," she said, "don't be hysterical. You know perfectly well that there is no such saint as Saint Pedito. He is an invention, a forgery. You made him up. What on earth possessed you?"

Veronica's face became ghastly. "No such saint!" she cried. "It that true, Reverend Mother?"

"Perfectly true," said the abbess, taking snuff. "And you know it. I'm afraid that you are mad. What made you invent that particular name? Why didn't you call the relics by the name of a real saint?"

"I call Heaven – and Sister Sophia – to witness that the name is the name written by you on the box!" cried Veronica. "We could find nothing inside to tell us whom the holy relics belonged to, but at last we remembered the cover. Ah, Reverend Mother, don't look at me with such eyes! What has happened? What have I done?"

The abbess sat down on a garden seat. Her face was seamed with wonderful lines. For a long while she could not speak. "You have done nothing, my dear Veronica, nothing," she said, "except that you have created an active, miraculous saint out of a –

«Veronika», sagte sie, «Sie haben etwas Schreckliches getan.»

Veronika starrte sie an.

«Ich, Ehrwürdige Mutter?» rief sie erstaunt. Dann wurde ihre Stimme überschwänglich, von Begeisterung erfüllt. «Ich habe etwas ganz Wunderbares getan», jauchzte sie, «etwas, das nie in Vergessenheit geraten soll, etwas Ruhmreiches. Ich habe einen Heiligen zur Erde zurückgebracht, und er hat die Kranken geheilt und die Lahmen zum Gehen gebracht. *Ich* habe es getan, die arme Veronika! Aber der Ruhm soll nicht mir gebühren.» Sie holte Luft zu einem erneuten Ausbruch, wurde aber von der Äbtissin unterbrochen.

«Beruhigen Sie sich», sagte sie, «seien Sie nicht hysterisch. Sie wissen genau, dass es einen Heiligen mit dem Namen Sankt Pedito nicht gibt. Er ist eine Erfindung, eine Fälschung. Sie haben ihn erfunden. Was ist bloß in Sie gefahren?»

Veronikas Gesicht nahm gespenstische Züge an. «Kein solcher Heiliger!» rief sie. «Stimmt das, Ehrwürdige Mutter?»

«Es stimmt voll und ganz», sagte die Äbtissin und nahm eine Prise. «Und Sie wissen es. Ich fürchte, Sie sind übergeschnappt. Was hat Sie veranlasst, diesen besonderen Namen zu erfinden? Warum haben Sie die Reliquien nicht mit dem Namen eines richtigen Heiligen belegt?»

«Ich rufe den Himmel – und Schwester Sophia – als Zeugen an, dass es der Name ist, den Sie auf die Kiste geschrieben haben!» rief Veronika. «Wir konnten innen nichts finden, das uns gesagt hätte, zu wem die heiligen Reliquien gehörten, doch am Ende erinnerten wir uns an den Deckel. Ach, Ehrwürdige Mutter, mustern Sie mich nicht mit solchen Augen! Was ist geschehen? Was habe ich getan?»

Die Äbtissin setzte sich auf einen Gartenstuhl. Ihr Gesicht war mit wundersamen Fältchen überzogen. Lange Zeit konnte sie nicht sprechen. «Sie haben nichts getan, meine liebe Veronika, nichts», sagte sie, «Sie haben bloß einen tatkräftigen, wunderwirkenden Heiligen geschaffen – und zwar aus einem

a luggage-label." And then she laughed so convulsively that Veronica thought she was about to die.

Veronica did not laugh. She was pallid with dismay. "Then whose were the bones?" she cried.

The abbess conquered her laughter and wiped her eyes.

"They were nobody's in particular," she said. "They came from the catacombs, and certainly belonged to some very holy person. Oh dear, oh dear! And now let us think of what has to be done."

XI

It was a very difficult question, for even as they sat there the fame of Saint Pedito was spreading like wildfire and the good people of Marino and Grottaferrata were planning a jollification in his honour. There was a crowd of rejoicing peasants at the villa gate that evening, and Marcantonio, to its huge delight, fired salvos to the glory of the saint from the small brass cannon on the terrace. To explain to all these happy people that Pedito was a fraud – that he had never had any bones, never existed – seemed impossible; either they would refuse to believe the explanation or there would be a grand riot and the Holy Church would be discredited. The abbess hesitated for several days, during which Saint Pedito accomplished miracles of the utmost splendour – not limiting his attentions to human beings, but including oxen and horses in the fold of his beneficent influence. Votive offerings to him were hung all about the exterior walls of the villa garden, and the local poet composed *strambotti* in his honour which everyone sang. Meanwhile the healthful wind continued to blow and was acclaimed as the *venticello di San Pedito* – a title which it bears to this day.

Gepäckaufkleber.» Dann lachte sie so erschütternd, dass Veronika dachte, sie werde gleich sterben.

Veronika lachte nicht. Sie war bleich vor Entsetzen. «Wessen Gebeine waren es denn?» rief sie.

Die Äbtissin bezwang ihr Lachen und wischte sich die Augen.

«Sie gehörten eigentlich niemandem», sagte sie. «Sie kamen aus den Katakomben und waren sicher die einer sehr heiligen Person. Ach, du meine Güte, ach, du meine Güte! Lasst uns jetzt überlegen, was zu tun ist!»

XI

Es war eine sehr schwierige Frage, denn selbst wenn sie nur dasaßen, breitete sich Sankt Peditos Ruhm wie Buschfeuer aus, und die guten Leute von Marino und Grottaferrata planten gerade eine Lustbarkeit zu seinen Ehren. An jenem Abend gab es ein Gedränge von vergnügten Bauern am Tor des Landhauses, und zu deren riesiger Freude feuerte Marcantonio auf der Terrasse Salven zum Ruhme des Heiligen aus der kleinen Messingkanone ab. All diesen glücklichen Leuten zu erklären, Pedito sei ein Schwindel – dass er überhaupt nie Gebeine gehabt und nie gelebt habe – das erschien unmöglich; entweder würden sie sich weigern, die Erklärung zu glauben oder es entstünde ein großer Aufruhr, und das Ansehen der Heiligen Kirche wäre beschädigt. Die Äbtissin zögerte daher mehrere Tage lang, in denen Sankt Pedito äußerst glanzvolle Wunder vollbrachte, wobei er sein Augenmerk nicht auf Menschen beschränkte, sondern Ochsen und Pferde in sein segensreiches Wirken mit einbezog. Votivtafeln wurden überall um die Außenmauern des Landhausgartens aufgehängt, und der Heimatdichter verfasste zu seinen Ehren *Strambotti*, die von allen Leuten gesungen wurden. Mittlerweile blies der gesunde Wind weiter und wurde als *venticello di San Pedito* (Lüftchen des San Pedito) gefeiert – ein Titel, den er bis zum heutigen Tag führt.

At last the abbess could no longer bear the strain
of conscious duplicity and went to Rome, where she
poured the whole story into the astonished ears of
Cardinal R–. He listened gravely to her, and when
she had ceased to speak he remained lost in thought
for some moments. Then he looked up at her.

"What do you propose to do, my sister?" he asked.

The abbess made eloquent gestures with her fat
hands. "I came to your Eminence for advice," she said.
"I'm at my wits" end. If we take away their saint we
shall take away their faith in the holy relics; yet we
can't let him go on. He's not a real saint, and all the
honour that the real saints ought to have is bestowed
on him. I give it up; I feel beaten. It's the first time
in my life."

The Cardinal was again deep in thought.

"After all," he murmured, "why shouldn't we let
him go on – as you phrase it, my sister?"

The abbess looked scandalized.

"Eminence!" she cried.

He held up a long thin hand.

"Wait a moment," he said. "Saint Pedito has worked miracles; how do we know that the invention of
his name was not a miracle; that perhaps there really
was some saint of that name – or something very like
it – whose existence has unfortunately been forgotten? Eh, there used to be so many good persons in
this bad world, my sister!"

The abbess stared at him.

"Your Eminence really thinks it possible …?" she
said.

The Cardinal smiled brilliantly. "The whole affair
is very wonderful and mysterious," he said. "If there
is no saint of that name there certainly ought to
be. At any rate, it will be worth while to make en-

Schließlich konnte die Äbtissin den Druck ihres Gewissens nicht länger ertragen. Sie fuhr nach Rom, wo sie die ganze Geschichte dem Kardinal R. in die erstaunten Ohren blies. Er hörte ihr ernsthaft zu. Als sie ausgeredet hatte, verharrte er eine Weile in Gedanken verloren. Dann sah er zu ihr auf.

«Was schlagen Sie vor, Schwester?» fragte er.

Die Äbtissin machte mit ihren fleischigen Händen beredte Gesten. «Ich bin zu Eurer Eminenz um Rat gekommen», sagte sie. «Ich bin mit meinem Latein am Ende. Wenn wir ihnen ihren Heiligen wegnehmen, werden wir ihnen den Glauben an die heiligen Reliquien wegnehmen. Aber wir können ihn doch nicht weitermachen lassen. Er ist kein echter Heiliger, alle Ehre, die den echten Heiligen zuteil werden soll, wird ihm erwiesen. Ich gebe es auf; ich gebe mich geschlagen. Zum ersten Mal in meinem Leben.»

Der Kardinal war wiederum tief in Gedanken versunken.

«Schließlich», murmelte er, «warum sollten wir ihn nicht weitermachen lassen – wie Sie sich ausdrücken, Schwester?»

Die Äbtissin sah ihn entsetzt an.

«Eminenz!» rief sie.

Er hielt seine lange schmale Hand hoch.

«Warten Sie einen Augenblick», sagte er. «Sankt Pedito hat Wunder gewirkt. Wer sagt uns denn, dass die Erfindung seines Namens kein Wunder war, sondern dass es vielleicht tatsächlich einen Heiligen mit diesem Namen gab – oder in der Art –, dessen Existenz unglücklicherweise in Vergessenheit geraten ist? Es hat doch schon so viele gute Menschen auf dieser schlechten Welt gegeben, Schwester!»

Die Äbtissin starrte ihn an.

«Eure Eminenz meint, es könne wirklich sein …» sagte sie.

Der Kardinal lächelte strahlend. «Die ganze Geschichte ist sehr wunderbar und geheimnisvoll», sagte er. «Wenn es keinen Heiligen dieses Namens gibt, sollte es gewiss einen geben. Jedenfalls ist es der Mühe wert, Nachforschungen an-

quiries. I will give instructions; meanwhile …" He paused.

"Meanwhile?" echoed the abbess.

"Meanwhile, say nothing," said the Cardinal. "The whole affair wears too divine an aspect to admit of human interference – for the present."

So the abbess said nothing.

But how the Cardinal set a scholar to work in various libraries, and how a scholar discovered that a certain Roman soldier called Expeditus, who lived in the third century of our era, became a Christian and died a martyr in the Colosseum, being slain of lions, and how an expert osteologist recognized the marks of lions' teeth on the bones which have accomplished so many miracles – are not these things written in the official account of the saint's canonization?

He was established on such a definitely historical basis that even the abbess ceased to have any doubt that Veronica's misreading of the label was divinely prompted, and Veronica is quite convinced that mystic fire burnt all about the word when she first beheld it. She gives herself tremendous airs over the whole business. But if the abbess had not been a very fat woman, and therefore, as we proved at the outset of this history, extremely holy and given to charitable works, who shall say if the *contadini* would have ever conquered their epidemic, if the noses of the other saints would have been put so sadly out of joint, or if Saint Pedito or Spedito would have ever been rescued from the limbo of forgotten virtue in order to send prayers to Heaven so expeditiously that they overtook others which had started long before? *Palmam qui meruit ferat.*

zustellen. Ich werde Anweisungen erteilen; inzwischen …»
Er machte eine Pause.

«Inzwischen?» wiederholte die Äbtissin.

«Inzwischen sagen Sie nichts», sagte der Kardinal. «Die ganze Geschichte hat eine allzu göttliche Seite, als dass sie menschliche Einmischung zuließe – vorläufig.»

Die Äbtissin sagte also nichts.

Doch wie der Kardinal einen Gelehrten an die Arbeit in verschiedenen Bibliotheken setzte, und wie ein Gelehrter herausfand, dass ein bestimmter, im dritten Jahrhundert unserer Zeitrechnung lebender römischer Soldat namens Expeditus Christ wurde und als Märtyrer, von Löwen gerissen, im Kolosseum starb, und wie ein ausgewiesener Fachanatom der Osteologie die Merkmale von Löwenzähnen an den Knochen erkannte, die so viele Wunder vollbracht haben – sind diese Dinge denn nicht im amtlichen Bericht der Heiligsprechung dargelegt?

Der Heilige wurde auf eine strenge geschichtliche Grundlage gestellt; selbst die Äbtissin hörte auf, irgendeinen Zweifel zu haben, dass Veronikas Irrtum beim Lesen des Aufklebers göttlichen Ursprungs war; Veronika ist völlig überzeugt, dass ein geheimnisvolles Feuer rund um das Wort brannte, als sie es zuerst sah. Sie tut sich ungeheuer viel auf die ganze Geschichte zugute. Wäre aber die Äbtissin nicht eine sehr beliebte Frau gewesen, und wäre sie, wie wir am Anfang dieser Geschichte nachgewiesen haben, nicht so ungemein gottergeben gewesen, so aufgeschlossen für die Werke der Nächstenliebe, wer vermöchte zu sagen, ob die Landbevölkerung je ihre Seuche überwunden hätte, ob die anderen Heiligen so kläglich ausgestochen worden wären, oder ob Sankt Pedito oder Spedito je aus der Gruft vergessener Heiligkeit herausgehret worden wäre, um Gebete so rasch zum Himmel zu expedieren, dass sie andere überholen, die lange zuvor angefangen hatten. *Palmam qui meruit ferat.*

Robert Graves: Earth to Earth

Yes, yes and yes! Don't get me wrong, for goodness'
sake. I am heart and soul with you. I agree that Man is
wickedly defrauding the Earth-Mother of her ancient
dues by not putting back into the soil as much nourishment as he takes out. And that modern plumbing is,
if you like, a running sore in the body politic. And that
municipal incinerators are genocidal rather than ger-
micidal … And that cremation should be made a capital crime. And that dust bowls created by the greedy
plough …

… Yes, yes and yes again. *But!*

Elsie and Roland Hedge – she a book-illustrator, he an
architect with suspect lungs – had been warned against
Dr Eugen Steinpilz. "He'll bring you no luck," I told
them. "My little finger says so decisively."

"You too?" asked Elsie indignantly. (This was at
Brixham, South Devon, in March 1940.) "I suppose
you think that because of his foreign accent and his
beard he must be a spy?"

"No," I said coldly, "that point hadn't occurred to
me. But I won't contradict you."

The very next day Elsie deliberately picked a friend-
ship – I don't like the phrase, but that's what she did –
with the Doctor, an Alsatian with an American pass-
port, who described himself as a *Naturphilosoph*; and
both she and Roland were soon immersed in Steinpilzerei up to the nostrils. It began when he invited
them to lunch and gave them cold meat and two rival
sets of vegetable dishes – potatoes (baked), carrots
(creamed), bought from the local fruiterer; and potatoes (baked) and carrots (creamed), grown on compost in his own garden.

Robert Graves: Erde zu Erde

Ja, ja, jawohl! Verstehen Sie mich, um Himmels willen, nicht falsch! Ich pflichte Ihnen von ganzem Herzen bei. Ich gebe Ihnen recht, dass der Mensch die Mutter Erde um das ihr Zustehende schändlich betrügt, indem er dem Boden nicht so viel Nährstoffe zurückgibt, wie er ihm entnimmt. Und dass das moderne Verlegen von Bleirohren, wenn Sie so wollen, ein kommunales Krebsgeschwür ist. Und dass städtische Verbrennungsöfen eher Menschen als Keime töten … Und dass die Einäscherung als Kapitalverbrechen erklärt werden sollte. Und dass Staublöcher, die der gierige Pflug schafft …

… Ja, ja und nochmal ja. *Aber!*

Elsie und Roland Hedge – sie Buchillustratorin, er Architekt mit verdächtiger Lunge – waren vor Dr. Eugen Steinpilz gewarnt worden. «Er wird Ihnen kein Glück bringen», sagte ich ihnen. «Mein kleiner Finger zeigt das ganz entschieden an.»

«Sie auch?» fragte Elsie entrüstet. (Das war in Brixham, South Devon, im März 1940.) «Vermutlich glauben Sie, er müsse wegen seines ausländischen Akzents und seines Bartes ein Spion sein?»

«Nein», sagte ich kühl, «sowas war mir nicht in den Sinn gekommen. Doch ich will Ihnen nicht widersprechen.»

Schon am nächsten Tag suchte Elsie bewusst die Freundschaft – ich mag den Ausdruck nicht, doch sie tat es – mit dem Arzt, einem Elsässer mit amerikanischem Pass, der sich selbst als *Naturphilosoph* bezeichnete; sowohl sie wie Roland waren bald bis zu den Nasenlöchern in der Steinpilzerei versunken. Es begann, als er sie zum Essen einlud und ihnen kaltes Fleisch und zwei konkurrierende Gemüsegerichte vorsetzte: Kartoffeln (gebacken) und Möhren (mit Sahne), im örtlichen Laden gekauft, und Kartoffeln (gebacken) und Möhren (mit Sahne), im eigenen Garten auf Kompost gewachsen.

The superiority of the latter over the former in appearance, size and especially flavour came as an eye-opener to Elsie and Roland. Yes, and yes, I know just how they felt. Why shouldn't I? When I visit the market here in Palma, I always refuse La Torre potatoes, because they are raised for the early English market and therefore reek of imported chemical fertilizer. Instead I buy Son Sardina potatoes, which taste as good as the ones we used to get in England fifty years ago. The reason is that the Son Sardina farmers manure their fields with Palma kitchen-refuse, still available by the cartload – this being too backward a city to afford effective modern methods of destroying it.

Thus Dr Steinpilz converted the childless and devoted couple to the Steinpilz method of compost-ing. It did not, as a matter of fact, vary greatly from the methods you read about in the *Gardening Notes* of your favourite national newspaper, except that it was far more violent. Dr Steinpilz had in-vented a formula for producing extremely fierce bac-teria, capable (Roland claimed) of breaking down an old boot or the family Bible or a torn woollen vest into beautiful black humus almost as you watched. The formula could not be bought, however, and might be communicated under oath of secrecy only to members of Eugen Steinpilz Fellowship – which I refused to join. I won't pretend therefore to know the formula myself, but one night I overheard Elsie and Roland arguing in their garden as to whether the planetary influences were favourable; and they also mentioned a ram's horn in which, it seems, a complicated mixture of triturated animal and vege-table products – technically called "the Mother" – was to be cooked up. I gather also that a bull's foot

Die Überlegenheit der letzteren gegenüber den ersteren, nach Aussehen, Größe und vor allem Geschmack, öffnete Elsie und Roland die Augen. Jawohl, ich weiß einfach, wie ihnen zumute war. Warum sollte ich das nicht? Wenn ich hier in Palma den Markt aufsuche, weise ich immer La-Torre-Kartoffeln zurück, weil sie für den frühen englischen Markt gezüchtet werden und daher nach eingeführtem Kunstdünger stinken. Statt dessen kaufe ich Son-Sardina-Kartoffeln, die so gut schmecken wie die, die wir vor fünfzig Jahren in England bekommen haben. Der Grund ist, dass die Son-Sardina-Bauern ihre Felder mit Küchenabfällen düngen, die aus Palma stammen und noch immer karrenweise verfügbar sind – die Stadt ist nämlich zu rückständig, als dass sie sich wirksame moderne Methoden der Entsorgung leisten könnte.

So bekehrte Dr. Steinpilz das kinderlose anhängliche Ehepaar zur Steinpilz-Methode des Kompostierens. Sie unterschied sich nicht sonderlich von den Methoden, über die man in den *Aufzeichnungen über Gartenbau* der eigenen überregionalen Lieblingszeitung liest, außer dass sie weit radikaler war. Dr. Steinpilz hatte eine Formel zur Züchtung ungemein gefräßiger Bakterien gefunden, die (behauptete Roland) einen alten Stiefel, die Familienbibel oder eine zerrissene Wollweste so schnell in schönen schwarzen Humus verwandelten, dass man ihnen dabei fast zusehen konnte. Diese Formel war jedoch käuflich nicht zu erwerben und durfte unter eidlicher Verpflichtung zur Geheimhaltung nur Mitgliedern der Eugen-Steinpilz-Bruderschaft mitgeteilt werden. Ich lehnte einen Beitritt ab und kann daher nicht behaupten, selber die Formel zu kennen. Aber eines Abends hörte ich, wie Elsie und Roland in ihrem Garten darüber stritten, ob die planetarischen Einflüsse günstig seien; sie sprachen auch von einem Widderhorn, in dem anscheinend eine komplizierte Mischung aus zerriebenen tierischen und pflanzlichen Erzeugnissen – in ihrer Fachsprache «die Mutter» genannt – aufgekocht werden sollte. Ich folgere auch, dass der Fuß eines Bullen und die

and a goat's pancreas were part of the works, because Mr Pook the butcher afterwards told me that he had been puzzled by Roland's request for these unusual cuts. Milkwort and penny-royal and bee-orchid and vetch certainly figured among the Mother's herbal ingredients; I recognized these one day in a gardening basket Elsie had left at the post office.

The Hedges soon had their first compost heap cooking away in the garden, which was about the size of a tennis court and consisted mostly of well-kept lawn. Dr Steinpilz, who supervised, now began to haunt the cottage like the smell of drains; I had to give up calling on them. Then, after the Fall of France, Brixham became a war-zone whence everyone but we British and our Free French or Free Belgian allies were extruded. Consequently Dr Steinpilz had to leave; which he did with very bad grace, and was killed in a Liverpool air-raid the day before he should have sailed back to New York. But that was far from closing the ledger. I think Elsie must have been in love with the Doctor, and certainly Roland had a hero-worship for him. They treasured a signed collection of all his esoteric books, each called after a different semi-precious stone, and used to read them out aloud to each other at meals, in turns. Then to show that this was a practical philosophy, not just a random assemblage of beautiful thoughts about nature, they began composting in a deeper and even more religious way than before. The lawn had come up, of course; but they used the sods to sandwich layers of kitchen waste, which they mixed with the scrapings from an abandoned pigsty, two barrowfuls of sodden poplar leaves from the recreation ground, and a sack of rotten turnips. Looking over the hedge, I caught the fanatic gleam in Elsie's eye

Bauchspeicheldrüse einer Ziege mit im Spiel waren, weil Mr Pook, der Metzger, mir hinterher erzählte, er habe sich gewundert, dass Roland nach diesen ungewöhnlichen Stücken verlangt habe. Kreuzblume, Flohkraut, Bienenragwurz und Wicke gehörten mit Sicherheit zu den pflanzlichen Bestandteilen der «Mutter»; ich erkannte diese eines Tages in einem Gärtnerkorb, den Elsie am Postamt zurückgelassen hatte.

Bald hatten die Hedges ihren ersten Komposthaufen, der im Garten vor sich hin schmorte. Der Garten hatte etwa die Größe eines Tennisplatzes und bestand zur Hauptsache aus gepflegtem Rasen. Dr. Steinpilz, der die Aufsicht führte, suchte sie jetzt häufig heim wie Kanalgeruch. Ich musste es aufgeben, sie zu besuchen. Dann, nach dem Zusammenbruch Frankreichs, wurde Brixham Kriegszone, aus der jeder, außer uns Briten und den verbündeten Franzosen und Belgiern, abgeschoben wurde. Folglich musste Dr. Steinpilz gehen, was er höchst ungern tat. Am Tag, bevor er per Schiff nach New York zurückreisen sollte, kam er bei einem Bombenangriff auf Liverpool ums Leben. Doch damit war das Hauptbuch noch lange nicht geschlossen. Ich glaube, dass Elsie in den Arzt verliebt gewesen war, und Roland verehrte ihn gewiss wie einen Helden. Als kostbaren Schatz hüteten sie eine signierte Sammlung seiner sämtlichen esoterischen Bücher, von denen jedes nach einem anderen Halbedelstein benannt war, und bei Mahlzeiten lasen sie sich diese immer abwechselnd vor. Um zu zeigen, dass dies eine lebensnahe Philosophie und nicht nur ein Sammelsurium schöner Gedanken über die Natur sei, begannen sie dann, auf tiefere und sogar religiösere Art als bisher zu kompostieren. Natürlich war der Rasen aufgegangen, aber sie benutzten die Rasensoden, um Schichten von Küchenabfall dazwischen zu legen, den sie mit den zusammengekratzten Resten aus einem aufgelassenen Schweinestall, zwei Karren voll verrottetem Pappellaub vom Sportplatz und einem Sack verfaulter Rüben vermischten. Beim Blick über die Hecke fiel mir der schwärmerische Glanz in Elsies Augen auf, als sie die

as she turned the hungry bacteria loose on the heap, and could not repress a premonitory shudder.

So far, not too bad, perhaps. But when serious bombing started and food became so scarce that house-wives were fined for not making over their swill to the national pigs, Elsie and Roland grew worried. Having already abandoned their ordinary sanitary system and built an earth-closet in the garden, they now tried to convince neighbours of their duty to do the same, even at the risk of catching cold and getting spiders down the neck. Elsie also sent Ro-land after the slow-moving Red Devon cows as they lurched home along the lane at dusk, to rescue the precious droppings with a kitchen shovel; while she visited the local ash-dump with a packing case mounted on wheels, and collected whatever she found there of an organic nature – dead cats, old rags, withered flowers, cabbage stalks and such house-hold waste as even a national wartime pig would have coughed at. She also saved every drop of their bath-water for sprinkling the heaps; because it con-tained, she said, valuable animal salts.

The test of a good compost heap, as every illumi-nate knows, is whether a certain revolting-looking, if beneficial, fungus sprouts from it. Elsie's heaps were grey with this crop, and so hot inside that they could be used for haybox cookery; which must have saved her a deal of fuel. I call them "Elsie's heaps," because she now considered herself Dr Steinpilz's earthly de-legate; and loyal Roland did not dispute this claim.

A critical stage in the story came during the Blitz. It will be remembered that trainloads of Londoners, who had been evacuated to South Devon when war broke out, thereafter de-evacuated and re-evacuated and re-deevacuated themselves, from time to time,

hungrigen Bakterien auf den Komposthaufen losließ, und ich konnte einen ahnungsvollen Schauder nicht unterdrücken.

So weit, vielleicht, nicht allzu übel. Doch als die ernstlichen Bombardierungen anfingen und die Nahrung so knapp wurde, dass Hausfrauen bestraft wurden, wenn sie ihre Küchenabfälle nicht für vaterländische Schweine abgaben, wurden Elsie und Roland bekümmert. Nachdem sie bereits die übliche sanitäre Anlage aufgegeben und im Garten einen Trockenabort gebaut hatten, versuchten sie nun Nachbarn von der Pflicht zu überzeugen, das Gleiche zu tun, selbst auf die Gefahr hin, dass sie sich erkälteten oder dass Spinnen ihnen den Nacken hinunter krabbelten. Elsie schickte Roland auch hinter den trottenden roten Devon-Kühen her, wenn sie in der Dämmerung den Feldweg entlang heimwärts wankten, damit er mit einer Küchenschaufel die wertvollen Fladen berge. Zur selben Zeit suchte sie mit einer auf Räder montierten Packkiste die Müllgrube des Ortes auf und sammelte, was sie an Organischem fand – tote Katzen, alte Lumpen, verwelkte Blumen, Kohlstrünke und Haushaltsabfall, bei dem sogar ein vaterländisches Kriegsschwein gehustet hätte. Sie sparte auch jeden Tropfen ihres Badewassers, um die Komposthaufen zu gießen, weil es, sagte sie, wertvolle tierische Salze enthielt.

Der Test eines guten Komposts ist, wie jeder Aufgeklärte weiß, ob ein bestimmter abstoßend aussehender, wiewohl zuträglicher Pilz aus ihm treibt. Elsies Haufen waren grau von dieser Sorte und innen so heiß, dass sie als Heu-Kochkiste zu verwenden waren, was ihr eine Menge Brennmaterial erspart haben muss. Ich nenne sie «Elsies Haufen», weil sie sich jetzt als Dr. Steinpilz' Vertreterin auf Erden betrachtete; der treue Roland machte ihr diesen Anspruch nicht streitig.

In eine kritische Phase kam die Geschichte während der deutschen Luftangriffe auf London (1940/41). Man wird sich erinnern, dass ganze Zugladungen von Londonern, die bei Kriegsausbruch nach South Devon evakuiert worden waren, sich danach von Zeit zu Zeit selber, und zwar höchst desorga-

in a most disorganized fashion. Elsie and Roland, as it happened, escaped having evacuees billeted on them, because they had no spare bedroom; but one night an old naval pensioner came knocking at their door and demanded lodging for the night. Having been burned out of Plymouth, where everything was chaos, he had found himself walking away and blundering along in a daze until he fetched up here, hungry and dead-beat. They gave him a meal and bedded him on the sofa; but when Elsie came down in the morning to fork over the heaps, she found him dead of heart-failure.

Roland broke a long silence by coming, in some embarrassment, to ask my advice. Elsie, he said, had decided that it would be wrong to trouble the police about the case; because the police were so busy these days, and the poor old fellow had claimed to possess neither kith nor kin. So they'd read the burial service over him and, after removing his belt-buckle, trouser buttons, metal spectacle-case and a bunch of keys, which were irreducible, had laid him reverently in the new compost heap. Its other contents, he added, were a cartload of waste from the cider-factory, salvaged cow-dung, and several basketfuls of hedge clippings. Had they done wrong?

"If you mean 'will I report you to the Civil Authorities?' the answer is no," I assured him. "I wasn't looking over the hedge at the relevant hour, and what you tell me is only hearsay." Roland shambled off satisfied.

The War went on. Not only did the Hedges convert the whole garden into serried rows of Eugen Steinpilz memorial heaps, leaving no room for planting the potatoes or carrots to which the compost had been prospectively devoted, but they scavenged the

nisiert, de-evakuierten und wieder evakuierten und wieder de-evakuierten. Elsie und Roland bekamen zufällig keine Evakuierten zugeteilt, weil sie kein Schlafzimmer übrig hatten; doch eines Abends klopfte ein alter pensionierter Marineangehöriger an ihre Tür und bat um ein Quartier für eine Nacht. Da er in Plymouth, wo alles drunter und drüber ging, durch Brandbomben geschädigt war, hatte er sich auf den Weg gemacht und war in einem Zustand der Benommenheit dahingestolpert, bis er schließlich, hungrig und todmüde, hier ankam. Man gab ihm eine Mahlzeit und bettete ihn aufs Sofa; doch als Elsie am Morgen herunterkam, um die Haufen mit der Gabel zu wenden, sah sie: er war tot. Herzversagen.

Roland brach ein langes Schweigen, als er, etwas verlegen, kam, um mich um Rat zu fragen. Elsie, sagte er, habe entschieden, dass es falsch wäre, die Polizei wegen des Falles zu behelligen; die habe in diesen Tagen ohnehin so viel zu tun, und der arme alte Knabe habe geltend gemacht, er habe weder Freunde noch Verwandte. Daher hatten sie die Trauerfeier für ihn abgehalten, ihm dann seine Gürtelschnalle, Hosenknöpfe, ein metallenes Brillenetui und einen Schlüsselbund abgenommen – Dinge, die nicht abbaubar waren – und ihn ehrfurchtsvoll in den neuen Komposthaufen gelegt. In diesem, fügte er hinzu, waren auch eine Fuhre Abfall aus der Apfelweinfabrik, gesammelter Kuhmist und mehrere Körbe Heckenschnitt. Hatten sie etwas Unrechtes getan?

«Wenn Sie damit fragen wollen, ob ich Sie bei den Behörden anzeigen wolle, lautet die Antwort ‹nein›», beruhigte ich ihn. «Ich habe zur betreffenden Stunde nicht über den Zaun geschaut, und was Sie mir erzählen, ist nur Hörensagen.» Roland trottete zufrieden davon.

Der Krieg ging weiter. Die Hedges verwandelten den ganzen Garten nicht nur in dicht geschlossene Reihen von Eugen-Steinpilz-Gedächtnishaufen und ließen keinen Platz mehr, um die Kartoffeln oder Möhren, für die der Kompost vorgesehen war, anzubauen. Sondern sie suchten auch die Ab-

offal from the Brixham fish-market and salvaged the
contents of the bin outside the surgical ward at the
Cottage Hospital. Every spring, I remember Elsie
used to pick big bunches of primroses and put them
straight on the compost, without even a last wistful
sniff; virgin primroses were supposed to be particu-
larly relished by the fierce bacteria.

Here the story becomes a little painful for members, say, of a family reading circle; I will soften it
as much as possible. One morning a policeman called
on the Hedges with a summons, and I happened to
see Roland peep anxiously out of the bedroom window, but quickly pull his head in again. The policeman rang and knocked and waited, then tried the back
door; and presently went away. The summons was
for a blackout offence, but apparently the Hedges did
not know this. Next morning he called again, and
when nobody answered, forced the lock of the back
door. They were found dead in bed together having
taken an overdose of sleeping tablets. A note on the
coverlet ran simply:

Please lay our bodies on the heap nearest the pigsty.
Flowers by request. Strew some on the bodies, mixed
with a little kitchen waste, and then fork the earth
lightly over.

E. H.; R. H.

George Irks, the new tenant, proposed to grow potatoes and dig for victory. He hired a cart and began
throwing the compost into the River Dart, "not liking
the look of them toadstools," as he subsequently
explained. The five beautifully clean human skele-
tons which George unearthed in the process were
still awaiting identification when the War ended.

fälle vom Fischmarkt in Brixham zusammen und bargen den Inhalt der Abfalltonne, die vor der chirurgischen Abteilung des Cottage-Krankenhauses stand. Ich erinnere mich, dass Elsie in jedem Frühjahr große Sträuße Primeln pflückte und gleich in den Kompost steckte, ohne auch nur nachdenklich daran zu schnuppern; junge Primeln galten als besonderer Leckerbissen für die scharfen Bakterien.

Hier wird die Geschichte ein wenig peinlich für, sagen wir mal, Mitglieder eines Familienlesezirkels. Ich werde sie so weit wie möglich abmildern. Eines Morgens suchte ein Polizist mit einer Vorladung die Hedges auf, und ich sah zufällig, dass Roland ängstlich aus dem Schlafzimmerfenster spähte, aber schnell wieder den Kopf zurücknahm. Der Polizist klingelte, klopfte und wartete, versuchte es dann an der Hintertür, und ging bald darauf weg. Die Vorladung war wegen eines Verdunkelungsvergehens, doch anscheinend wussten die Hedges das nicht. Am nächsten Morgen erschien er wieder, und als niemand aufmachte, sprengte er das Schloss an der Hintertür auf. Man fand die Hedges tot zusammen im Bett; sie hatten eine Überdosis Schlaftabletten genommen. Eine Notiz auf der Bettdecke besagte schlicht:

Legen Sie bitte unsere Körper auf den Haufen nächst dem Schweinestall. Blumen nach Bedarf. Streuen Sie ein paar auf unsere Körper, vermischt mit ein bisschen Küchenabfall, und harken Sie dann die Erde leicht darüber.

E. H.; R. H.

George Irks, der neue Pächter, schlug vor, Kartoffeln für den Sieg anzubauen. Er mietete einen Karren und begann, den Kompost in den Fluss Dart zu werfen, «da er nicht auf diese Giftpilze schauen mochte», wie er hinterher erklärte. Die fünf schön erhaltenen, sauberen menschlichen Skelette, die George im Laufe des Vorgangs ausgrub, warteten, als der Krieg aus war, noch immer darauf, identifiziert zu werden.

E. V. Knox: The Murder at The Towers

THE MOST MARVELLOUS MYSTERY STORY
IN THE WORLD
(Begin Now, so as to Finish Sooner!)

I

Mr Ponderby-Wilkins was a man so rich, so ugly, so cross, and so old, that even the stupidest reader could not expect him to survive any longer than Chapter I. Vulpine in his secretiveness, he was porcine in his habits, saturnine in his appearance, and ovine in his unconsciousness of doom. He was the kind of man who might easily perish as early as paragraph two.

Little surprise, therefore, was shown by Police-Inspector Blowhard of Nettleby Parva when a message reached him on the telephone:

"You are wanted immediately at The Towers. Mr Ponderby-Wilkins has been found dead."

The inspector was met at the gate by the deceased's secretary, whom he knew and suspected on the spot.

"Where did it happen, Mr Porlock?" he asked. "The lake, the pigeon-loft, or the shrubbery?"

"The shrubbery," answered Porlock quietly, and led the way to the scene.

Mr Ponderby-Wilkins was suspended by means of an enormous woollen muffler to the bough of a tree, which the police officer's swift eye noticed at once to be a sycamore.

"How long has that sycamore tree been in the shrubbery?"

"I don't know," answered Porlock, "and I don't care."

"Tell me precisely what happened," went on the inspector.

E. V. Knox: Der Mord bei den «Türmen»

DIE UNGLAUBLICHSTE KRIMINALGESCHICHTE DER WELT
(Fangen Sie jetzt an zu lesen, damit Sie
eher fertig sind!)

I

Mr Ponderby-Wilkins war so ein reicher, hässlicher, wider-
wärtiger alter Mann, dass selbst der dümmste Leser nicht
erwarten konnte, er werde über das Kapitel I hinaus leben.
Er war verschlagen in seiner Geheimniskrämerei, schwei-
nisch in seinen Gewohnheiten, schwerfällig als Erscheinung
und schafig in seiner Ahnungslosigkeit, was das Schicksal
anging. Er war die Art von Mensch, die leicht schon im zweiten Absatz ums Leben kommt.

Der Polizeiinspektor Blowhard von Nettleby Parva zeigte sich daher wenig überrascht, als ihn eine telefonische
Nachricht erreichte:

«Sie werden umgehend an den ‹Türmen› gebraucht. Mr
Ponderby-Wilkins ist tot aufgefunden worden.»

Der Inspektor wurde am Tor vom Sekretär des Verstorbenen empfangen, den er kannte und gleich verdächtigte.

«Wo ist es geschehen, Mr Porlock?» fragte er. «Am See,
beim Taubenhaus oder im Gebüsch?»

«Im Gebüsch», antwortete Porlock ruhig und führte an
den Tatort.

Mr Ponderby-Wilkins hing mittels eines riesigen Woll-
schals am Ast eines Baumes. Das scharfe Auge des Polizeibeamten erkannte sofort, dass es ein Bergahorn war.

«Wie lange steht denn dieser Bergahorn schon in dem
Gebüsch?»

«Das weiß ich nicht», antwortete Porlock, «und es ist mir
auch gleich.»

«Erzählen Sie mir genau, was geschehen ist», fuhr der
Inspektor fort.

"Four of us were playing tennis, when a ball was hit out into the bushes. On going to look for it at the end of the set, I found Mr Wilkins as you see him, and called the attention of the other players to the circumstances at once. Here they all are."

And pushing aside the boughs of a laurel, he showed the police officer two young women and a young man. They were standing quietly in the middle of the tennis court, holding their tennis racquets soberly in their hands.

"Do you corroborate Mr Porlock's account of the affair?" enquired Blowhard.

"We do," they answered quietly in one breath.

"Hum!" mused the inspector, stroking his chin. "By the way," he continued, "I wonder whether life is extinct?"

He went and looked at the body. It was.

"A glance showed us that life was extinct when we found it," said the four, speaking together, "and we thought it better to go on playing tennis as reverently as possible until you arrived."

"Quite right," said Blowhard. "I shall now examine the whole household *viva voce*. Kindly summon them to the drawing-room."

They went together into the large, white-fronted mansion, and soon the notes of a gong, reverberating through the house and all over the grounds, had summoned the whole house-party, including the servants, to the Louis-Seize *salon* overlooking the tennis lawn. The gathering consisted, as the inspector had foreseen, of the usual types involved in a country-house murder, namely, a frightened step-sister of the deceased, a young and beautiful niece, a major, a doctor, a chaperon, a friend, Mr Porlock himself, an old butler with a beard, a middle-

«Vier von uns spielten gerade Tennis, als ein Ball in die Büsche hinaus geschlagen wurde. Als ich mich am Ende des Satzes auf die Suche nach ihm begab, fand ich Mr Wilkins so, wie Sie ihn sehen und machte die anderen Spieler sogleich auf die Umstände aufmerksam. Hier sind sie alle.»

Er schob die Zweige eines Rhododendronstrauches beiseite und zeigte dem Polizeibeamten zwei junge Frauen und einen jungen Mann. Sie standen ruhig in der Mitte des Tennisplatzes und hielten gelassen ihre Schläger in der Hand.

«Bestätigen Sie Mr Porlocks Darstellung des Vorgangs?» erkundigte sich Blowhard.

«Ja», antworteten sie ruhig im gleichen Augenblick.

«Hm!» sinnierte der Inspektor und strich sich das Kinn. «Übrigens», fuhr er fort, «wüsste ich gern, ob er wirklich tot ist.»

Er ging hin und betrachtete den Körper. Der war tot.

«Ein Blick zeigte uns, dass das Leben aus ihm gewichen war, als wir ihn fanden», sagten alle vier zusammen; «wir hielten es für das beste, unser Tennisspiel, unter Wahrung größtmöglicher Ehrerbietung, bis zu Ihrer Ankunft fortzusetzen.»

«Ganz richtig», sagte Blowhard. «Ich werde jetzt den Haushalt *viva voce* vernehmen. Rufen Sie bitte alle in den Salon.»

Sie gingen zusammen in das weitläufige Herrenhaus mit weißer Vorderansicht, und bald hatte der Klang eines Gong, der durch das Haus und über das ganze Gelände erschallte, alle Hausbewohner samt Dienerschaft in den Louis-XVI-Salon gerufen, der zum Tennisplatz hinaus sah. Die Versammelten bestanden, wie vom Inspektor vorausgesehen, aus den üblichen Typen, die in einen Landhausmord verwickelt sind, nämlich einer verängstigten Stiefschwester des Verschiedenen, einer jungen schönen Nichte, einem Major, einem Arzt, einer Anstandsdame, einer Freundin, Mr Porlock selbst, einem alten Butler mit Bart, einem Gärtner mittleren Altes

aged gardener with whiskers, an Irish cook, and two servants who had only come to the place the week bfore. Every one of them had a bitter grudge against the deceased. He had been about to dismiss his secretary, had threatened to disinherit his niece, sworn repeatedly at his stepsister, thrown a port decanter at the butler's head, insulted the guests by leaving *Bradshaws* in their bedrooms, pulled up the gardener's antirrhinums, called the cook a good-for-nothing, and terrified the housemaids by making noises at them on the stairs. In addition, he had twice informed the major that his regiment had run away at Balaclava, and had put a toad in the doctor's bed.

Blowhard felt instinctively that this was a case for Bletherby Marge, the famous amateur, and sent him a telegram at once. Then he ordered the body to be removed, walked round the grounds, ate a few strawberries, and went home.

II

Bletherby Marge was a man of wide culture and sympathy. In appearance he was fat, red-faced, smiling, and had untidy hair. He looked stupid, and wore spats. In fact, whatever the inexperienced reader supposes to be the ordinary appearance of a detective, to look like that was the very reverse of Bletherby Marge. He was sometimes mistaken for a business man, more often for a billiard-marker or a baboon. But whenever Scotland Yard was unable to deal with a murder case – that is to say, whenever a murder case happened at a country-house – Bletherby Marge was called in. The death of an old, rich, and disagreeable man was like a clarion call to him. He packed his pyjamas,

mit Backenbart, einem irischen Koch und zwei Dienern, die erst eine Woche zuvor die Stelle angetreten hatten. Jeder von ihnen hegte bitteren Groll gegen den Verstorbenen. Er war gerade im Begriff gewesen, seinen Sekretär zu entlassen, hatte gedroht, seine Nichte zu enterben, hatte wiederholt seine Stiefschwester verflucht, dem Butler eine Portwein-karaffe an den Kopf geworfen, die Gäste beleidigt, indem er Eisenbahnkursbücher in ihren Schlafzimmern liegen ließ, hatte dem Gärtner seine Löwenmaulpflanzen ausgerissen, den Koch einen Taugenichts genannt und die Zimmermäd-chen durch Zurufe auf der Treppe geängstigt. Zudem hatte er den Major zweimal wissen lassen, sein Regiment sei bei Balaklava davongelaufen, und in das Bett des Arztes hatte er eine Kröte gesteckt.

Blowhard fühlte unwillkürlich, dass dies ein Fall für Ble-therby Marge war, den berühmten Amateurdetektiv, und schickte ihm sofort ein Telegramm. Dann ordnete er die Ent-fernung der Leiche an, spazierte um das Grundstück herum, aß ein paar Erdbeeren und ging nach Hause.

II

Bletherby Marge war ein hochgebildeter Mann mit Ein-fühlungsvermögen. Als Erscheinung war er dick, rotgesich-tig, lächelnd, und hatte unordentliche Haare. Er sah dämlich aus und trug Gamaschen. In der Tat: ganz gleich, wie der unerfahrene Leser sich die gewöhnliche Erscheinung eines Detektivs vorstellt, Bletherby Marge sah genau wie das Ge-genteil davon aus. Manchmal wurde er für einen Geschäfts-mann gehalten, öfter aber für einen Punktezähler beim Bil-lardspiel oder für einen Pavian. Doch immer, wenn Scotland Yard mit einem Mordfall nicht zurecht kam – das heißt, im-mer, wenn sich ein Mord in einem Landhaus ereignet hatte, wurde Bletherby Marge gerufen. Der Tod eines alten, rei-chen und unangenehmen Mannes war für ihn wie ein Trom-petenstoß. Er packte seinen Schlafanzug, seine Zahnbürste

his tooth-brush, and a volume of *Who's Who*, and took the earliest train.

As soon as he had seen the familiar newsbill:

HOST OF COUNTRY-HOUSE PARTY
INEXPLICABLY SLAIN

he had expected his summons to The Towers. Telegraphing to the coroner's jury to return an open verdict at Nettleby Parva, he finished off the case of the Duke of St Neots, fragments of whom had mysteriously been discovered in a chaff-cutting machine, and made all haste to the scene of the new affair. It was his fiftieth mystery, and in every previous affair he had triumphantly slain his man. A small silver gallows had been presented to him by Scotland Yard as a token of esteem.

"We are in deep waters, Blowhard – very deep," he said, as he closely scrutinized the comforter which had been wrapped round Mr Ponderby-Wilkins's throat. "Just tell me once more about these alibis."

"Every one of them is perfect," answered the police inspector, "so far as I can see. The butler, the cook, and the two housemaids were all together playing poker in the pantry. Miss Brown, the deceased's stepsister, was giving instructions to the gardener, and the doctor was with her, carrying her trowel and her pruning scissors. The chaperon and the friend were playing tennis with Mr Porlock and the major, and the niece was rowing herself about on the lake picking water-lilies."

A gleam came into Bletherby Marge's eyes.

"Alone?" he queried.

"Alone. But you forget that the lake is in full view of the tennis court. It almost seems as if it must have been constructed that way on purpose,"

und einen Band «Wer ist Wer?» zusammen und nahm den ersten Zug.

Sobald er die vertraute Meldung gesehen hatte

GASTGEBER EINER LANDHAUSGESELLSCHAFT
AUF UNERKLÄRLICHE WEISE UMS LEBEN GEKOMMEN,

hatte er seinen Ruf zu den «Türmen» erwartet. Er telegrafierte an die Leichenschaukommission in Nettleby Parva, einen Wahrspruch gegen Unbekannt auszufertigen; er schloss den Fall des Herzogs von St Neots ab, von dem auf geheimnisvolle Weise Überbleibsel in einem Häckselschneider entdeckt worden waren, und begab sich in aller Eile an den Schauplatz der neuen Geschichte. Es war sein fünfzigster Fall, und in jedem vorangegangenen hatte er siegreich seinen Mann zur Strecke gebracht. Scotland Yard hatte ihm als Zeichen der Hochachtung einen kleinen Silbergalgen geschenkt.

«Uns steht das Wasser bis zum Hals, Blowhard – ganz schlimm», sagte er, während er das wollene Halstuch genau in Augenschein nahm, das um Mr Ponderby-Wilkins' Hals geschlungen war. «Erzählen Sie mir nur noch einmal von diesen Alibis.»

«Jedes einzelne ist, soweit ich sehen kann, unanfechtbar», antwortete der Polizeiinspektor. «Der Butler, der Koch und die beiden Hausmädchen spielten alle miteinander Poker in der Speisekammer. Miss Brown, die Stiefschwester des Verstorbenen, erteilte dem Gärtner Anweisungen, und der Arzt war bei ihr und trug ihr den Spaten und die Baumschere. Die Anstandsdame und ihre Freundin spielten mit Mr Porlock und dem Major gerade Tennis, und die Nichte ruderte auf dem See und pflückte Wasserlilien.»

In Bletherby Marges Augen kam ein Leuchten.

«Allein?» erkundigte er sich.

«Allein. Doch Sie vergessen, dass der See vom Tennisplatz aus vollständig überblickt werden kann. Es scheint fast so, als müsse er absichtlich so angelegt worden sein», merkte der

added the inspector rather crossly. "This girl was seen the whole time during which the murder must have occurred, either by one pair of players or the other."

"Tut, tut," said Bletherby Marge. "Now take me to the scene of the crime."

Arrived at the sycamore tree, he studied the bark with a microscope, and the ground underneath. This was covered with dead leaves. There was no sign of a struggle.

"Show me exactly how the body was hanging," he said to Blowhard.

Police-Inspector Blowhard tied the two ends of the comforter to the bough and wrapped the loop several times round Bletherby Marge's neck, supporting him, as he did so, by the feet.

"Don't let go," said Bletherby Marge.

"I won't," said Blowhard, who was used to the great detective's methods in reconstructing a crime.

"Have you photographed the tree from every angle?"

"Yes."

"Were there any finger-prints on it?"

"No," replied Blowhard. "Nothing but leaves."

Then together they wandered round the grounds, eating fruit and discussing possible motives for the murder. No will had been discovered.

From time to time one or other of the house-party would flit by them, humming a song, intent on a game of tennis, or a bathe in the lake. Now and then a face would look haggard and strained, at other times the same face would be merry and wreathed with smiles.

"Do you feel baffled?" asked Blowhard.

Bletherby Marge made no reply.

Inspektor noch ziemlich mürrisch an. «Dieses Mädchen war während der ganzen Zeit, in der der Mord geschehen sein musste, gesehen worden, entweder von dem einen Spielerpaar oder vom anderen.»

«Ach was!» sagte Bletherby Marge. «Führen Sie mich jetzt an den Schauplatz des Verbrechens!»

Am Bergahorn angelangt, untersuchte er die Rinde mit einem Mikroskop und den Boden darunter ebenfalls. Der war mit dürrem Laub bedeckt. Es gab kein Anzeichen eines Kampfes.

«Zeigen Sie mir genau, wie der Körper hing», sagte er zu Blowhard.

Polizeiinspektor Blowhard band die beiden Enden des Schals an einen Ast und wickelte die Schlinge mehrmals um Bletherby Marges Hals.

Währenddessen stützte er ihn von den Füßen her ab.

«Lassen Sie nicht aus!» sagte Bletherby Marge.

«Aber nein», sagte Blowhard, der an die Vorgehensweisen des großen Detektivs bei der Nachstellung eines Verbrechens gewöhnt war.

«Haben Sie den Baum aus jedem Blickwinkel fotografiert?»

«Ja.»

«Waren irgendwelche Fingerabdrücke daran?»

«Nein», erwiderte Blowhard. «Nichts außer Laub.»

Dann gingen sie zusammen auf dem großen Grundstück herum, aßen Obst und erörterten mögliche Motive für den Mord. Ein Testament war nicht gefunden worden.

Von Zeit zu Zeit huschte der eine oder andere aus der Hausgesellschaft an ihnen vorbei, summte ein Liedchen, war erpicht auf ein Tennismatch oder ein Bad im See. Gelegentlich sah ein Gesicht verstört und verkrampft aus, ein andermal war das gleiche Gesicht vergnügt und ein Lächeln kräuselte seine Lippen.

«Kommen Sie sich genarrt vor?» fragte Blowhard.

Bletherby Marge gab keine Antwort.

The house-party were having a motor picnic at
Dead Man's Wood, ten miles from The Towers. The
festivity had been proposed by Bletherby Marge,
who was more and more endearing himself, by his
jokes and wide knowledge of the world, to his fellow-
guests. Many of them had already begun to feel that
a house-party without a detective in it must be regarded as a literary failure.

"Bless my soul!" said Marge suddenly, when
the revelry was at its height, turning to Blowhard,
who was out of breath, for he had been carrying
the champagne across a ploughed field. "I ask you
all to excuse me for a moment. I have forgotten
my pipe."

They saw him disappear in a two-seater towards
The Towers. In little more than an hour he reap-
peared again and delighted the company by singing one or two popular songs in a fruity baritone.
But, as the line of cars went homeward in the dusk,
Bletherby Marge said to Blowhard, seated beside
him, "I want to see you again in the shrubbery
tomorrow at ten-thirty prompt. Don't begin playing clock-golf."

Inspector Blowhard made a note of the time in
his pocket-book.

IV

"Perhaps you wonder why I went away in the middle of our little outing?" questioned Marge, as they
stood together under the fatal sycamore tree.

"I suspected," answered Blowhard, without mov-
ing a muscle of his face, except the ones he used for
speaking, "that it was a ruse."

"It was," replied Marge.

III

Die Hausbewohner veranstalteten ein Autopicknick im «Wäldchen zum Toten Mann», zehn Meilen von den «Türmen» entfernt. Das Fest war von Bletherby Marge vorgeschlagen worden, der mit seinen Witzen, seiner Weltläufigkeit und reichen Erfahrung bei den anderen Gästen sich mehr und mehr beliebt machte. Bei vielen von ihnen hatte sich schon das Gefühl eingeschlichen, eine Geselligkeit ohne Detektiv müsse als literarischer Misserfolg betrachtet werden.

«Du meine Güte!» sagte Marge auf einmal, als die Ausgelassenheit auf ihrem Höhepunkt war, und wandte sich an Blowhard, der außer Atem war, denn er hatte den Champagner quer über ein gepflügtes Feld getragen. «Ich bitte Sie alle, mich einen Augenblick zu entschuldigen. Ich habe meine Pfeife vergessen.»

Sie sahen ihn in einem Zweisitzer in Richtung zu den «Türmen» verschwinden. In gut einer Stunde tauchte er wieder auf und entzückte die Gesellschaft, indem er ein oder zwei beliebte Revue-Songs in einem wohltönenden Bariton sang. Doch als die Reihe der Wagen in der Dunkelheit heimwärts fuhr, sagte Bletherby Marge zu Blowhard, der neben ihm saß: «Ich möchte Sie morgen genau um 10 Uhr 30 wieder beim Gebüsch sehen. Fangen Sie nicht an, Clock-Golf zu spielen!»

Inspektor Blowhard vermerkte die Zeit in seinem Notizbuch.

IV

«Vielleicht möchten Sie wissen, warum ich mitten in unserem kleinen Ausflug wegging», meinte Marge, als sie zusammen unter dem schicksalhaften Bergahorn standen.

«Ich vermutete», antwortete Blowhard, ohne einen Muskel seines Gesichts zu bewegen, mit Ausnahme der Muskeln, die er zum Sprechen benötigte, «dass es eine List war.»

«In der Tat», erwiderte Marge.

Without another word he took a small folding broom from his pocket and brushed aside the dead leaves which strewed the ground of the shrubbery.

The dark mould was covered with foot-prints, large and small.

"What do you deduce from this?" cried Blowhard, his eyes bulging from his head.

"When I returned from the picnic," explained the great detective, "I first swept the ground clear as you see it now. I then hastily collected all the outdoor shoes in the house."

"All?"

"Every one. I brought them to the shrubbery on a wheelbarrow. I locked the servants, as though by accident, in the kitchen and the gardener in the tool-shed. I then compared the shoes with these imprints, and found that every one of them was a fit."

"Which means?"

"That everyone of them was here when the murder took place. I have reconstructed the scene exactly. The marks of the shoes stretch in a long line, as you will observe, from a point close to the tree almost to the edge of the tennis lawn. The heels are very deeply imprinted: the mark of the toes is very light indeed."

He paused and looked at Blowhard.

"I suppose you see now how the murder was done?" he barked loudly.

"No," mewed the inspector quietly.

"Ponderby-Wilkins," said Marge, "had the comforter twisted once round his neck, and one end was tied to the tree. Then – at a signal, I imagine – the whole house-party, the servants, pulled together on the other end of the comforter until he expired. You see here the imprints of the butler's feet. As

Ohne ein weiteres Wort nahm er einen kleinen Klappbesen aus der Tasche und bürstete das verwelkte Laub zur Seite, das den Boden des Gebüsches bedeckte.

Auf dem dunklen Humus befanden sich Fußabdrücke, große und kleine.

«Was schließen Sie daraus?» rief Blowhard, wobei ihm die Augen aus dem Kopf traten.

«Als ich vom Picknick zurückkam», erklärte der große Detektiv, «fegte ich zuerst den Boden frei, so wie Sie ihn jetzt sehen. Dann sammelte ich eilig alle draußen benutzten Schuhe ein.»

«Alle?»

«Jeden. Ich brachte sie auf einer Schubkarre zum Gebüsch. Ich sperrte die Diener, wie zufällig, in die Küche und den Gärtner in den Werkzeugschuppen. Dann verglich ich die Schuhe mit diesen Abdrücken und fand heraus, dass jeder von ihnen in einen hineinpasste.»

«Und das bedeutet?»

«Dass jeder von ihnen hier war, als der Mord erfolgte. Ich habe die Szene genau wiederhergestellt. Die Abdrücke der Schuhe erstrecken sich, wie Sie sehen werden, in einer langen Linie von einem Punkt nahe des Baumes fast bis an den Rand des Tennisplatzes. Die Absätze haben sich sehr tief eingedrückt; der Abdruck der Zehen ist tatsächlich sehr schwach.»

Er machte eine Pause und sah Blowhard an.

«Vermutlich erkennen Sie nun, wie der Mord geschah?» bellte er laut.

«Nein», miaute der Inspektor ruhig.

«Der Schal von Ponderby-Wilkins war einmal um den Hals gewickelt», sagte Marge, «und ein Ende war an den Baum gebunden. Auf ein Zeichen, stelle ich mir vor, zog dann die ganze Hausgesellschaft, einschließlich der Diener, zusammen am anderen Ende des Schals an, bis der Mann starb. Sie sehen hier die Fußabdrücke des Butlers. Als schwer-

the heaviest man, he was at the end of the rope. Porlock was in front, with the second housemaid immediately behind him. Porlock, I fancy, gave the word to pull. Afterwards they tied him up to the tree as you found him when you arrived."

"But the alibis?"

"All false. They were all sworn to by members of the household, by servants or by guests. That was what put me on the scent."

"But how is it there were no finger-prints?"

"The whole party," answered Bletherby, "wore gloves. I collected all the gloves in the house and examined them carefully. Many of them had hairs from the comforter still adhering to them. Having concluded my investigations, I rapidly replaced the boots and gloves, put the leaves back in their original position, unlocked the kitchen and the tool-house, and came back to the picnic again."

"And sang comic songs!" said Blowhard.

"Yes," replied Marge. "A great load had been taken off my mind by the discovery of the truth. And I felt it necessary to put the murderers off their guard."

"Wonderful!" exclaimed Blowhard, examining the footprints minutely. "There is now only one difficulty, Mr Marge, so far as I can see."

"And that is?"

"How am I going to convey all these people to the police station?"

"How many pairs of manacles have you about you?"

"Only two," confessed Blowhard, feeling in his pocket.

"You had better telephone," said Bletherby, "for a motor-omnibus."

ster Mann stand er am Ende des Seils. Porlock stand vorn, mit dem zweiten Hausmädchen gleich hinter ihm. Porlock, nehme ich an, gab den Befehl zum Ziehen. Hinterher banden sie ihn oben in den Baum, wie Sie ihn vorgefunden haben, als Sie ankamen.»

«Aber die Alibis?»

«Alle falsch. Sie wurden alle von Haushaltsangehörigen, von Dienern oder Gästen feierlich beschworen. Das brachte mich ja auf die Spur.»

«Wieso gab es aber keine Fingerabdrücke?»

«Die ganze Gesellschaft», antwortete Bletherby, «trug Handschuhe. Ich sammelte alle Handschuhe im Haus ein und untersuchte sie sorgfältig. An vielen klebten noch Haare vom Schal. Als ich meine Nachforschungen abgeschlossen hatte, schaffte ich die Schuhe und Handschuhe wieder an Ort und Stelle, brachte das Laub in seine ursprüngliche Lage, sperrte Küche und Werkzeugschuppen auf und kehrte wieder zum Picknick zurück.»

«Und sangen komische Lieder!» sagte Blowhard.

«Ja», erwiderte Marge. «Mit der Entdeckung der Wahrheit ist mir ein großer Stein vom Herzen gefallen. Und ich hielt es für nötig, die Mörder zur Unachtsamkeit zu verleiten.»

«Wunderbar!» rief Blowhard, der die Fußspuren genauestens untersuchte. «Jetzt besteht nur eine Schwierigkeit, Mr Marge, soweit ich sehen kann.»

«Und die wäre?»

«Wie werde ich es anstellen, all diese Leute zur Polizeiwache zu schaffen?»

«Wie viele Handschellen haben Sie bei sich?»

«Nur zwei Paar», gestand Blowhard und langte in die Tasche.

«Sie sollten», sagte Bletherby, «telefonisch einen Autobus anfordern.»

The simultaneous trial of twelve prisoners on a
capital charge, followed by their joint condemnation
and execution, thrilled England as no sensation had
thrilled it since the death of William II. The Sunday
papers were never tired of discussing the psychology
of the murderers and publishing details of their
early life and school careers. Never before, it seemed,
had a secretary, a stepsister, a niece, an eminent
doctor, a major, a chaperon, a friend, a cook, a butler,
two housemaids, and a gardener gone to the gallows
on the same day for the murder of a disagreeable
old man.

On a morning not long after the excitement had
died away, Bletherby Marge and a house-agent
went together to The Towers, which for some reason
or other was still "To Let". As they looked at the
library, Bletherby Marge tapped a panel in the man-
telpiece.

"It sounds hollow," he said.

Finding the spring, he pressed it. The wood shot
back and revealed a small cavity. From this he drew
a dusty bundle of papers, tied together with a small
dog-collar.

It was Ponderby-Wilkins's will. On the first page
was written:

*I am the most unpopular man in England, and I
am about to commit suicide by hanging myself
in the shrubbery. If Bletherby Marge can make it
a murder I bequeath him all my possessions in
honour of his fiftieth success.*

"Extraordinary!" ejaculated the house-agent.

Mr Bletherby Marge smiled.

Die gleichzeitige Gerichtsverhandlung gegen zwölf Häftlinge wegen eines Kapitalverbrechens, deren gemeinsame Verurteilung und Hinrichtung, erregte England wie sonst kein Ereignis seit dem Tod Wilhelms II. Die Sonntagsblätter wurden nicht müde, das Seelenleben der Mörder zu erörtern und Einzelheiten aus ihrem früheren Leben und ihren Schullaufbahnen zu veröffentlichen. Noch nie, so schien es, hatten ein Sekretär, eine Stiefschwester, eine Nichte, ein angesehener Arzt, ein Major, eine Anstandsdame, eine Freundin, ein Koch, ein Butler, zwei Hausmädchen und ein Gärtner am gleichen Tag wegen der Ermordung eines grässlichen alten Mannes den Weg zum Galgen angetreten.

Eines Morgens, nicht lange, nachdem sich die Erregung gelegt hatte, gingen Bletherby Marge und ein Häusermakler zusammen zu den «Türmen», die aus dem einen oder anderen Grund noch zu vermieten waren. Als sie sich in der Bibliothek umsahen, klopfte Bletherby Marge an eine Verkleidung in der Kamineinfassung.

«Es klingt hohl», sagte er.

Er fand die Feder und drückte sie. Das Paneel schoss zurück und gab einen kleinen Hohlraum frei. Daraus zog er ein staubiges Bündel Papier, das von einem kleinen Hundehalsband zusammengehalten war.

Es war Ponderby-Wilkins' Testament. Auf der ersten Seite stand geschrieben:

Ich bin der unbeliebteste Mensch in England und werde mich jetzt im Gebüsch erhängen. Falls Bletherby Marge daraus einen Mord konstruieren kann, vermache ich ihm meine sämtlichen Besitztümer, um seinen fünfzigsten Erfolg zu ehren.

«Ungewöhnlich!» rief der Häusermakler.

Mr Bletherby Marge lächelte.

Fred Urquhart: But German Girls Walk Different

Ever since I was a kid I've been crazy about horses.
I've always wanted one of my own. But there was
fat chance of that, living in a tenement in Glasgow –
even if the old man had had the money to buy me
one. And anyway, even if the old lady hadn't cut
up rough, what would the neighbours have said if
I'd kept it tethered in the back-green?

When I joined the Army I fancied myself in the
Guards riding one of these great shiny chargers.
But the Guards were mechanized by then, and any-
way I wasn't big enough to be a Guardsman. So
I just had to go into the bleeding infantry. And
all I want now is to get demobbed and get back to
Civvy Street as quick as I can with Marta. There'll
be ructions with the old lady about that, I guess.
I don't know how kindly she'll take to a German
daughter-in-law. But maybe things 'll be all right.
The old lady's not a bad old spud if you take her
in the right way.

It's funny what three months in your life do.
Three months ago there I was right in the middle
of Germany, and the only things that worried me
were the non-fratting and the fact that I couldn't
get to ride one of the many beautiful German
horses I saw. But all that was changed by Blister
Hill one night.

Blister's a Canadian who's attached to our unit.
He's a great boy for *winning* things. Everything
he sees that he wants he just goes and grabs, and if
people complain – well, it's just too bad. Blister's
'won' it and nothing can be done.

Fred Urquhart: *Aber deutsche Mädchen haben einen anderen Gang*

Schon seit meiner Kindheit bin ich ein Pferdenarr. Immer habe ich mir ein eigenes Pferd gewünscht. Da wir aber in einem Mietshaus in Glasgow wohnten, war die Wahrscheinlichkeit, eines zu bekommen, herzlich gering – selbst wenn mein alter Herr das Geld gehabt hätte, mir eines zu kaufen. Wie dem auch sei, selbst wenn meine alte Dame sich nicht heftig gesträubt hätte, was hätten wohl die Nachbarn gesagt, wenn ich das Pferd im Hintergarten angebunden hätte?

Als ich Soldat wurde, stellte ich mir vor, in der Garde eines dieser großen, blank geputzten Kavalleriepferde zu reiten. Doch die Garde war damals schon motorisiert, und zum Gardisten war ich ohnehin nicht groß genug. Also musste ich zur verdammten Infanterie einrücken. Jetzt wünsche ich mir nichts anderes, als entlassen zu werden, und so schnell wie möglich mit Marta ins Zivilleben zurückzukehren. Es wird darüber vermutlich Krach mit meiner alten Dame geben. Ich weiß nicht, wie freundlich sie einer deutschen Schwiegertochter begegnen wird. Aber vielleicht wird sich alles zum Besten wenden. Meine alte Dame ist kein übler Typ, wenn man sie richtig zu nehmen weiß.

Es ist seltsam, was ein Vierteljahr im Leben bewirkt. Noch vor drei Monaten war ich genau mitten in Deutschland; Kummer machten mir lediglich das Fraternisierungsverbot und die Tatsache, dass ich nicht eines der zahlreichen schönen deutschen Pferde, die ich sah, reiten durfte. Doch das alles änderte sich über Nacht durch Blister Hill.

Blister ist ein unserer Einheit zugeteilter Kanadier. Er ist großartig, wenn es gilt, etwas zu *organisieren*. Alles, was er sieht und begehrt, reißt er sich einfach unter den Nagel, und wenn sich Leute beklagen – na, dann ist es dumm gelaufen. Blister hat das *organisiert*, da kann man nichts machen.

At first Blister had several brushes with our C.O. about this. Our C.O. is a bit like a schoolmaster; that's why we christened him 'The Beak'. It started one day when a bloke came into our R.H.Q. and handed me a sheaf of papers and said: "That's for the C.O."

I must have looked puzzled. I was wondering what this bloke who's a truck-driver was doing with papers for the C.O. For the fellow said: "You'll laugh when you read these. I had to laugh myself. I had my truck parked by the side of the road last night, and the old geezer himself came along and raised no end of a stink. 'Don't you know it's illegal to park an army vehicle by the roadside, my man?' he says. 'Write out one hundred times *It is a punishable offence to park an army vehicle by the side of the road*, and bring it to my office in the morning'."

"I sat up half the night doing them," the bloke said. "Don't laugh, will you?"

But it was no laughing matter. As that guy on the radio says: "It makes you think!" Anyway, it made some of our blokes think, and it helped a lot when some of them who didn't know what their politics were put in their votes at the election.

Blister, of course, is the sort of guy who knows how to vote without letting anything or anybody influence him. "Private enterprise all the time for me," he says. "My own, and my friends."

Blister took a sort of shine to me. You know how it is. He said I was such a little guy I needed protecting. "Got to keep you from getting tied up with any of these husky German fräuleins," he said. "If one of them gets her talons on you, you'll be mincemeat in no time."

And so Blister and me have palled around ever

Anfangs legte sich Blister deshalb mehrmals mit unserem Kommandeur an. Unser Kommandeur hat etwas von einem Schulmeister an sich; daher nannten wir ihn ‹den Pauker›. Es fing eines Tages damit an, dass ein Knilch in unseren Regimentsstand kam, mir ein Bündel Papiere aushändigte und sagte: «Das ist für den Kommandeur.»

Ich muss verdutzt dreingeschaut haben. Ich fragte mich, was dieser Kerl, ein Lastwagenfahrer, mit Papieren für den Kommandeur anstellte. Denn der Bursche sagte: «Du wirst lachen, wenn du das Zeug liest; ich habe selber lachen müssen. Ich hatte letzte Nacht meinen Laster am Straßenrand geparkt, und der alte Knochen selber kam daher und stänkerte ohne Unterlass. ‹Mann, wissen Sie denn nicht, dass es vorschriftswidrig ist, ein Armeefahrzeug am Straßenrand zu parken?› sagt er. ‹Schreiben Sie hundert Mal *Es ist ein strafbares Vergehen, ein Armeefahrzeug am Straßenrand zu parken*, und bringen Sie mir das morgen früh in mein Büro.›»

«Ich blieb die halbe Nacht auf, um das zu schreiben», sagte der Kerl. «Lach bitte nicht!»

Aber die Sache war nicht zum Lachen. Wie jener Radiofritze sagte: «Es stimmt einen nachdenklich.» Jedenfalls brachte es einige unserer Leute zum Nachdenken, und das war sehr hilfreich, als einige von ihnen, die nicht wussten, wie sie politisch eingestellt waren, zum Wählen gingen.

Blister ist natürlich einer, der weiß, wie man wählt, ohne sich von etwas oder jemandem beeinflussen zu lassen. «Freie Wirtschaft für mich ohne Einschränkung», sagt er. «Für mich und meine Freunde.»

Irgendwie fand Blister an mir Gefallen. Sie wissen ja, wie das ist. Er sagte, ich sei so ein schutzbedürftiges Bürschchen. «Muss dich davon abhalten, dass du einem dieser stämmigen deutschen Fräuleins in die Fänge gerätst», sagte er. «Wenn eine von denen dich in den Krallen hat, bist du im Handumdrehen zu Hackfleisch verarbeitet.»

So sind Blister und ich, seitdem er zu unserem Haufen

since he joined our crowd. I've learned a lot from him about winning things. I used to think I was pretty hot in the old days in Glasgow, but I knew nothing until I fell in with Blister. My old lady used to say: "The quickness of the hand deceives the left foot!" But even that couldn't describe Blister. He leaves me dizzy. I've often said to him it's not right to win things off people the way he does. "Even though they are Jerries!" I've said.

But although he's left me dizzy often, he's never left me as dizzy as that night he brought me the horse.

I'd told him sometimes how I'd always wished I could have a horse and how I'd have liked to be a jockey. And I'd told him about wanting to go in the Guards and not being big enough. But I never thought it had sunk in. Two-three times he said: "Aw, but we'll get you a horse, Chuck! We can easy win an horse. Leave that to your Uncle Blis!" But I never cottoned on to it much. I just thought he was talking big in his own Canadian way.

And then one night he came into our billet grinning all over. "Get your boots on, brother!" he said. "Get on your boots and bring your saddle! We're gonna ride the range to-night! Yippee!"

"Ach, I'm no' goin' oot the night," I said. "I'm ower tired, and I cannie be fashed."

"Come on!" he cried. "There ain't gonna be no empty saddles in the old corral to-night! Get booted and spurred. We're gonna roam the range together!"

"I dinnie want to go oot," I said.

But he took hold of me and put my boots on, then he picked me up and carried me out. And all

gekommen war, freundschaftlich miteinander verkehrt. Ich habe von ihm eine Menge über das *Organisieren* gelernt. Ich hatte mich seinerzeit in Glasgow immer für einen ziemlich hitzigen Typ gehalten, doch ich war ahnungslos, bis ich auf Blister stieß. Meine alte Dame pflegte zu sagen: «Eine flinke Hand übertölpelt den linken Fuß.» Doch selbst damit konnte Blister nicht beschrieben werden. Er lässt mich verwirrt zurück. Ich habe oft zu ihm gesagt, dass es nicht recht ist, den Leuten was zu klauen, so wie er es tut. «Selbst wenn es sich um Deutsche handelt!» habe ich gesagt.

Wenn er mich auch oft verblüffte, so geriet ich doch nie so aus der Fassung wie in der Nacht, als er mir das Pferd brachte.

Ich hatte ihm manchmal erzählt, dass ich mir immer gewünscht hatte, ein Pferd zu haben, und wie gern ich Jockey geworden wäre. Und ich hatte ihm erzählt, dass ich zur Garde hatte einrücken wollen und nicht groß genug war. Aber ich dachte nie, dass sich das seinem Gedächtnis eingeprägt hatte. Zwei- oder dreimal sagte er: «Ach ja, wir werden dir ein Pferd beschaffen. Halt den Mund! Ein Pferd können wir leicht *organisieren*. Überlass das deinem Onkel Blis!» Doch darauf gab ich nie viel. Ich dachte bloß, er rede eben großkotzig in seiner typisch kanadischen Art.

Und dann kam er eines Nachts in unser Quartier und grinste übers ganze Gesicht. «Zieh die Stiefel an, Bruder!» sagte er. «Zieh die Stiefel an und hol deinen Sattel! Wir wollen heute Nacht ausschwärmen! Holdrio!»

«Ach, heute Abend will ich nicht fort», sagte ich. «Ich bin hundemüde und will nicht gestört werden.»

«Komm, los!» rief er. «Im alten Gehege wird es heute Abend keine leeren Sättel geben! Sieh zu, dass du gestiefelt und gespornt bist. Wir streifen jetzt gemeinsam durch die Gegend!»

«Ich will nicht nach draußen», sagte ich.

Doch er packte mich und zog mir die Stiefel an. Dann hob er mich hoch und trug mich hinaus. Dabei sang er dauernd

the time he kept singing a lot of cowboy songs. He caused such a commotion that the rest of the chaps in the billet came along to see what was up.

And like me they nearly passed out when they saw the horse. It was a black German cavalry horse: a super bit of work.

"Well, what do you think of Old Faithful, chum?" Blister said, unhitching it from a post and leading it up to me. "Will he suit your nibs?"

"Where'd ye get him?" I said.

Blister shrugged and patted the horse's neck. "I won him," he said.

"But ye cannie win a horse," I said. "No' a horse o' this size, anyway!"

"I was walking in the country," Blister said. "And as I walked along I passed a field where this horse was grazing. Now, horses are very inquisitive animals. As soon as this horse saw me, it galloped up and nodded to me over the fence. So I nodded back and said: 'How do, old fella!' Well, I walked along, and the horse walked along beside me. Then we came to a gate. So I leaned on the gate, and as I was leaning I thought about you, kid, and how you'd always wanted a horse, and I said to myself: 'Blister, it ain't good for that kid to go on wanting a horse that bad. It's bad for his psychology, Blister.' I says. 'Frustration and all that.' And I was so busy thinking all this I didn't notice what my hand was doing, but I must have been playing with the latch of the gate, for when I started to walk away I discovered that the horse had nosed open the gate and was following me. The Pied Piper!"

"He's a nice horse," he said.

"He's a nice horse sure enough," I said. "But – oh,

jede Menge Cowboy-Lieder. Er verursachte so einen Tumult, dass die anderen Burschen im Quartier auftauchten, um zu sehen, was los war.

Und wie ich fielen sie fast um, als sie das Pferd sahen. Es war ein deutsches Kavalleriepferd, ein Rappe, ein prachtvoll gebautes Tier.

«Na, Kumpel, was hältst du von deinem alten Getreuen?» sagte Blister, band es von einem Pflock los und führte es mir zu. «Wird es Seiner Hoheit genehm sein?»

«Wo hast du es aufgetrieben?» fragte ich.

Blister zuckte mit den Schultern und streichelte den Hals des Pferdes. «Ich habe es *organisiert*», sagte er.

«Aber man kann doch kein Pferd *organisieren*», bemerkte ich. «Jedenfalls kein Pferd dieser Größe!»

«Ich ging in der Gegend spazieren», sagte Blister. «Und als ich dahin schlenderte, kam ich an einem Feld vorbei, wo dieses Pferd weidete. Nun sind Pferde ja sehr neugierige Tiere. Sobald das hier mich sah, galoppierte es heran und nickte mir über den Zaun hinweg zu. Also nickte ich zurück und sagte: ‹Wie geht's, alter Knabe?› Dann ging ich weiter, und das Pferd trottete neben mir her. Wir kamen an ein Gatter. Ich lehnte mich an das Gatter, und dabei dachte ich an dich, Kleiner, wie du dir immer schon ein Pferd gewünscht hast, und ich sagte mir: ‹Blister, es ist nicht gut, dass dieses Kerlchen sich noch länger so sehnlich ein Pferd wünscht. Es ist schlecht für seine seelische Entwicklung. Blister›, sagte ich, ‹Verdrängung und das ganze Zeug.› Und ich bedachte das alles so gründlich, dass ich nicht merkte, was meine Hand tat, doch ich muss mit dem Schnappriegel des Gatters gespielt haben, denn als ich mich anschickte, wegzugehen, merkte ich, dass das Pferd mit den Nüstern das Gatter geöffnet hatte und hinter mir hertrottete. Rattenfängerei!»

«Es ist ein schönes Pferd», sagte er.

«Ganz gewiss ist es ein schönes Pferd», sagte ich. «Aber –

it's an awful big But! What are we goin' to do with him? We cannie hide a horse like we could hide a blanket or a chicken or a keg o' rum."

"Ye'll have to take him back, Blister," I said.

"Can't, buddy," he said. "I couldn't find his field now even if you paid me."

"He's yours now," he said. "You won him. C'mon, get on his back." And before I knew where I was he'd lifted me on the horse.

For the next two or three minutes I hadn't time to think of anything but keeping myself from sliding off the horse's back. Blister, of course, had forgotten to win a saddle – though he'd gotten a bridle all right. And all the time I kept thinking about the Beak and about him making inquiries, and about where we were to hide the horse. You see, you can hardly hide a horse under your bed. Not a horse of this size, anyway.

I said this to Blister after I'd galloped two-three times up and down the lane beside our billet. I was all for taking the horse back, and so were the other chaps. But Blister was stubborn. There's a bit of the mule about Blister; maybe that's why the horse took to him. "We'll put him in the old Frau's wash-ing-house at the foot of the garden," he said. "For to-night, anyway. We'll decide what to do about him to-morrow."

The other chaps were up in arms about this. Frau Gottlieb wasn't a bad old kipper, but she could be a holy terror when roused; and they all thought a great muckle horse amongst her washing would be just the thing to make her rush straight to the Beak. And so we had a great discussion. Some of the fellows, like me, were all for turning the horse loose and letting it find its own way back to its field. But

oh, es gibt ein riesiges Aber! Was fangen wir mit dem Pferd an? Wir können es nicht verstecken, wie wir eine Decke oder ein Huhn oder ein Fässchen Rum verstecken könnten.»

«Blister, du musst es zurückbringen», sagte ich.

«Kann ich nicht, Kumpel», sagte er. «Ich könnte jetzt sein Feld nicht finden, selbst nicht für Geld.»

«Es gehört jetzt dir», sagte er. «Du hast es gewonnen. Los, steig auf!» Und ehe ich wusste, wo ich war, hatte er mich aufs Pferd gehoben.

Die nächsten zwei oder drei Minuten hatte ich keine Zeit, an irgendetwas zu denken, außer daran, wie ich mich davor bewahrte, vom Pferderücken herabzurutschen. Blister hatte natürlich vergessen, einen Sattel zu *organisieren* – obgleich er Zaumzeug beschafft hatte. Und die ganze Zeit dachte ich an den Pauker, stellte mir vor, wie er Nachforschungen anstellte und überlegte mir, wo wir das Pferd verstecken sollten. Man kann ein Pferd ja schwerlich unterm Bett verbergen. Jedenfalls kein Pferd dieser Größe.

Das sagte ich zu Blister, nachdem ich zwei-, dreimal die Gasse neben unserem Quartier im Galopp auf und ab geritten war. Ich war, genau so wie die anderen Kumpel, ganz dafür, das Pferd zurückzubringen. Doch Blister war stur. Er hat etwas vom Maulesel an sich; vielleicht mochte ihn das Pferd deswegen. «Wir bringen es im Waschhaus der alten Frau am Ende des Gartens unter», sagte er. «Jedenfalls für die heutige Nacht. Morgen entscheiden wir dann, was weiter mit ihm geschieht.»

Die anderen Kumpel gerieten darüber in Harnisch. Frau Gottlieb war keine übelwollende, alte Spinatwachtel, konnte aber, wenn sie gereizt wurde, zum Quälgeist werden; und sie glaubten alle, dass, wenn sie gerade beim Waschen war, ein großes, wuchtiges Pferd genau das wäre, was sie veranlassen würde, schnurstracks zum Pauker zu laufen. Deswegen hatten wir eine hitzige Aussprache. Einige, wie ich, waren ganz dafür, das Pferd loszubinden, damit es von sich aus auf seine Wiese

Blister said, "It's goin' into the old Frau's wash-house."

I argued and argued with him while we were doing this, telling him we'd have the Beak down on us like a load of bricks. "It's all very well winning a rug or a bottle of whisky," I said. "But a great muckle horse is a different matter. How do ye expect me to take it hame to Glesca? I couldnie very well hide it in ma kitbag, could I? Just picture me walkin' doon the gang-plank off the leave-boat with that horse on my back!"

I never slept that night for worrying. And the next morning we had a round-table discussion about it while we were shaving in the wash-house. One of the lads had aye to be standing at the door, keeking to see that Frau Gottlieb wasn't coming. But luckily she never appeared.

Blister was still stubborn. "I won't take him back," he said. "He followed me here. He likes me, don't you, old boy?" And he nodded to the horse and winked, and the bloody horse neighed back at him. "I tell you what, " Blister said. "We'll leave the decision until after breakfast. I'll lock the wash-house door and put the key in my pocket, so the old Frau won't be able to find out. Maybe the Lord will be on our side and solve the problem for us."

But the Lord must have slept late that morning, for after breakfast we were called on parade, and there was the C.O. with an old Jerry farmer and a young girl who spoke some English. My knees were knocking together, but I couldn't keep my eyes offen this dame. She was the classiest bit of work I'd seen since I came to Germany. All the time the Beak was talking I watched her. I was so busy watching that I scarcely heard the Beak say

zurückfände. Aber Blister sagte: «Es wird ins Waschhaus der alten Frau geführt.»

Während wir das taten, stritt ich die ganze Zeit mit ihm, wobei ich geltend machte, dass der Pauker über uns herfallen werde wie eine Ladung Ziegelsteine. «Einen Bettvorleger oder eine Flasche Whisky zu *organisieren*, kann man hinnehmen», sagte ich. «Aber ein großes, kräftiges Pferd – das ist etwas ganz anderes. Wie glaubst du, dass ich es nach Hause bringe, nach Glesca? Ich könnte es ja nicht gut in meinem Seesack verstecken, oder? Stell dir bloß mal vor, wie ich mit diesem Pferd auf dem Rücken den Laufsteg des Urlauberschiffes hinuntergehe!»

Ich konnte vor Aufregung die ganze Nacht nicht schlafen. Und am nächsten Morgen, während wir uns im Waschhaus rasierten, erörterten wir die Sache alle miteinander. Einer der Kumpel stand an der Tür Schmiere und passte auf, ob Frau Gottlieb käme. Aber zum Glück tauchte sie nicht auf.

Blister war noch immer stur. «Ich bringe es nicht zurück», sagte er. «Es ist mir hierher gefolgt. Es mag mich, verstehst du, alter Junge?» Und er nickte dem Pferd zu und zwinkerte, und das verdammte Pferd wieherte zurück. «Ich will euch was sagen», bemerkte Blister. «Wir verschieben die Angelegenheit bis nach dem Frühstück. Ich schließe die Waschhaustür ab und den Schlüssel stecke ich ein, so dass die alte Frau nichts merken kann. Vielleicht wird der HERR auf unserer Seite sein und für uns das Problem lösen.»

Doch der HERR muss an jenem Morgen lang geschlafen haben, denn nach dem Frühstück mussten wir antreten. Der Kommandeur war anwesend, zusammen mit einem alten deutschen Bauern und einem jungen Mädchen, das ein wenig Englisch sprach. Mir schlotterten die Knie, aber ich konnte die Augen nicht von dieser Frau abwenden. Sie war das prachtvollste Geschöpf, das ich gesehen hatte, seit ich nach Deutschland gekommen war. Die ganze Zeit, die der Pauker sprach, beobachtete ich sie. Ich beobachtete sie so hingebungs-

that if the horse wasn't returned he'd make every man-jack in the unit write out a thousand times *Thou Shalt Not Steal*. And as I watched her I suddenly thought of a wonderful scheme. I saw it all in a flash. Me and Blister would take the horse back to their farm and we'd say we'd found it wandering on the road, and then the old guy and his daughter would fall on our necks and hail us as conquering heroes and whatnot, and then – domino! – the girl would fall for me.

But I'd reckoned again without Blister, for when I looked for him after parade he was nowhere to be seen. And when I went to the wash-house the door was open and the horse gone.

Blister came back about an hour later and said: "Well, I've done it. I couldn't bear the thought of writing that thing out a thousand times. Hope you're satisfied, buddy."

I could have killed him. I told him what I'd been planning, and then I said: "But now ye've ruined it, you – you big cheese!"

Blister said nothing, and he kept out of my way all that day. I looked for him after supper, for I wanted to know where this girl's farm was; I thought maybe he and I could walk along there and maybe we'd see the girl and then, maybe, with Blister to give me courage, I'd be able to speak to her. But Blister was nowhere to be seen, and he didn't appear until just before lights out. He stood inside the door and beckoned me. "Come here, you," he said, jerking his thumb outside. "This is what you want?"

The horse was tethered to the wash-house door.

Well, to cut a long story short, there was the same pantomime next morning with the old Jerry farmer

voll, dass ich kaum hörte, wie der Pauker sagte, er wolle, falls das Pferd nicht zurückgegeben werde, jeden Mann in der Einheit tausend Mal schreiben lassen *Du sollst nicht stehlen.* Und während ich sie beobachtete, kam mir auf einmal eine wunderbare Idee. Ich sah alles blitzartig vor mir. Blister und ich würden das Pferd auf den Hof zurückbringen und sagen, es sei auf der Landstraße herumgelaufen; der Alte und seine Tochter würden uns um den Hals fallen und uns als siegreiche Helden und was weiß ich begrüßen, und dann – herrje! – würde sich das Mädchen in mich verlieben.

Doch ich hatte wiederum nicht mit Blister gerechnet, denn als ich ihn nach dem Appell suchte, war er nirgends zu sehen. Und als ich zum Waschhaus ging, stand die Tür offen, und das Pferd war weg.

Blister kam etwa eine Stunde später zurück und sagte: «Na, ich hab's getan. Ich konnte den Gedanken nicht ertragen, das Zeug tausend Mal zu schreiben. Hoffentlich bist du zufrieden, alter Kumpel.»

Ich hätte ihn umbringen können. Ich erzählte ihm, was ich vorgehabt hatte und bemerkte dann: «Aber jetzt hast du das vermasselt, du – du Riesenross!»

Blister sagte nichts und ging mir den ganzen Tag aus dem Weg. Ich suchte ihn nach dem Abendessen, denn ich wollte wissen, wo der Hof von diesem Mädchen war; vielleicht, dachte ich, könnten er und ich zusammen hingehen und vielleicht könnten wir das Mädchen sehen, und ich könnte dann vielleicht, wenn Blister mir Mut machte, mit ihr sprechen. Doch Blister war nirgends zu sehen und tauchte erst auf, ehe die Lichter ausgingen. Er stand in der Tür und gab mir ein Zeichen. «Komm her, du», sagte er und wies mit einer hastigen Bewegung des Daumens nach draußen. «Ist es das, was du willst?»

Das Pferd war an der Waschhaustür eingebunden.

Nun, um es kurz zu machen: Das gleiche Spiel wiederholte sich am nächsten Morgen mit unserem Pauker, zusammen

and his daughter at our Beak, looking again for
their horse. But after it me and Blister got busy. We
nipped over to the wash-house and took the horse to
the farm. "We found him wandering on the road,"
Blister said. "You should lock him up more carefully,
mister. Lots of them soldiers aren't to be trusted."

The old farmer almost fell on our necks. He
couldn't do enough to entertain us, and speaking for
myself I was perfectly willing to stay in his comfortable farm-kitchen as long as it was Marta who was
pouring out the wine and handling round cakes.

I was still dizzy as we walked back to our billet.
But Blister was kinda moody. He said nothing all
the way except to tell me to stop acting like a kid
when I gave two-three hop-skips and a jump. "This
love business!" he said.

I didn't answer, but just after that when we passed
a couple of Yankee soldiers and I heard one of them
say: "But German girls walk different," I nudged
him and said: "D'ye hear that, chum? Doesn't that
prove things to you?"

"I heard," he said. And then he sighed and said:
"He was an awful nice horse."

All the same, it looks now the way things are
panning out that maybe I'll get the horse as well
as Marta, for the old farmer said to me only yester-
day that he would give us the horse as a wedding-
present. But I'm not so sure about that. It will maybe be hard enough going with the old lady if I take
home Marta without having the horse thrown in.

mit dem alten deutschen Bauern und seiner Tochter, die wieder ihr Pferd suchten. Doch danach wurden Blister und ich tätig. Wir flitzten hinüber zum Waschhaus und schafften das Pferd zum Bauernhof. «Wir fanden es, wie es auf der Landstraße herumirrte», sagte Blister. «Sie sollten es ordentlicher anbinden, Mann. Vielen Soldaten ist nicht zu trauen.»

Der alte Bauer fiel uns beinahe um den Hals. Er konnte gar nicht genug aufbieten, um uns zu bewirten, und wenn ich für mich spreche, so war ich durchaus willens, in seiner behaglichen Bauernküche so lange zu bleiben, wie Marta den Wein einschenkte und Kuchen herumreichte.

Ich war noch benommen, als wir in unser Quartier gingen. Doch Blister war etwas verstimmt. Auf dem ganzen Weg schwieg er; er brummte nur, als ich zwei oder drei Hopser und einen Luftsprung machte, ich solle aufhören, mich so kindisch zu benehmen. «Dieses Verliebtsein!» sagte er.

Ich antwortete nicht, doch als wir unmittelbar darauf an einigen Ami-Soldaten vorbeigingen, und ich einen von ihnen sagen hörte: «Aber deutsche Mädchen haben einen anderen Gang», stieß ich Blister leicht an und sagte: «Hörst du das, Kumpel? Beweist dir das nichts?»

«Ich hab's gehört», sagte er. Dann seufzte er und fuhr fort: «Es war ein außerordentlich schönes Pferd.»

Dennoch sieht es, wie die Dinge sich fügen, jetzt so aus, dass ich vielleicht das Pferd und auch Marta kriegen werde, denn der alte Bauer sagte mir erst gestern, er würde uns das Pferd als Hochzeitsgeschenk geben. Doch ich bin mir nicht sicher. Möglicherweise wird es schwer genug sein, mit meiner alten Dame einig zu werden, wenn ich Marta heimbringe – ohne das Pferd als Dreingabe.

"You are not really dying, are you?" asked Amanda.

"I have the doctor's permission to live till Tuesday," said Laura.

"But today is Saturday; this is serious!" gasped Amanda.

"I don't know about it being serious; it is certainly Saturday," said Laura.

"Death is always serious," said Amanda.

"I never said I was going to die. I am presumably going to leave off being Laura, but I shall go on being something. An animal of some kind, I suppose. You see, when one hasn't been very good in the life one has just lived, one reincarnates in some lower organism. And I haven't been very good, when one comes to think of it. I've been petty and mean and vindictive and all that sort of thing when circumstances have seemed to warrant it."

"Circumstances never warrant that sort of thing," said Amanda hastily.

"If you don't mind my saying so," observed Laura, "Egbert is a circumstance that would warrant any amount of that sort of thing. You're married to him – that's different; you've sworn to love, honour, and endure him: I haven't."

"I don't see what's wrong with Egbert," protested Amanda.

"Oh, I dare say the wrongness has been on my part," admitted Laura dispassionately; "he has merely been the extenuating circumstance. He made a thin, peevish kind of muss, for instance, when I took the collie puppies from the farm out for a run the other day."

«Du wirst doch nicht etwa sterben?» fragte Amanda.

«Der Doktor gestattet mir, bis Dienstag am Leben zu bleiben», sagte Laura.

«Und heute ist Samstag. Das ist ja wirklich ernst», stammelte Amanda.

«Was heißt hier ernst?» sagte Laura. «Freilich ist heute Samstag.»

«Sterben ist jedenfalls etwas Ernstes», sagte Amanda.

«Ich habe nie gesagt, dass ich sterben würde. Voraussichtlich werde ich aufhören, Laura zu sein. Aber etwas werde ich auch nachher sein. Irgendein Tier, nehme ich an. Sieh mal, wenn man in dem Leben, das man gerade gelebt hat, nicht sehr brav gewesen ist, dann ersteht man in einem niederen Organismus wieder. Und ich bin tatsächlich nicht besonders brav gewesen, wenn man es sich mal überlegt. Ich war gemein und kleinlich und nachtragend und so weiter, wenn die Umstände es halbwegs rechtfertigten.»

«So etwas rechtfertigen die Umstände niemals!» unterbrach sie Amanda.

«Nimm es mir nicht übel, aber zum Beispiel Egbert ist ein Umstand, der jede Menge von ‹so etwas› rechtfertigt. Du bist mit ihm verheiratet, das ist etwas anderes. Du hast geschworen, dass du ihn lieben, ehren und ertragen willst. Ich habe das nicht.»

«Ich verstehe wirklich nicht, was an Egbert zu beanstanden ist», protestierte Amanda.

«Na, es kann schon sein, dass ich selber zu beanstanden war», gab Laura gelassen zu. «Immerhin war er der mildernde Umstand. Zum Beispiel: was hat er für eine lächerliche, verdrießliche Angelegenheit daraus gemacht, als ich neulich die Collie-Welpen vom Hof auf einen Spaziergang mitnahm!»

"They chased his young broods of speckled Sussex and drove two sitting hens off their nests, besides running all over the flower beds. You know how devoted he is to his poultry and garden."

"Anyhow, he needn't have gone on about it for the entire evening and then have said, 'Let's say no more about it' just when I was beginning to enjoy the discussion. That's where one of my petty vindictive revenges came in," added Laura with an unrepentant chuckle; "I turned the entire family of speckled Sussex into his seedling shed the day after the puppy episode."

"How could you?" exclaimed Amanda.

"It came quite easy," said Laura; "two of the hens pretended to be laying at the time, but I was firm."

"And we thought it was an accident!"

"You see," resumed Laura, "I really *have* some grounds for supposing that my next incarnation will be in a lower organism. I shall be an animal of some kind. On the other hand, I haven't been a bad sort in my way, so I think I may count on being a nice animal, something elegant and lively, with a love of fun. An otter, perhaps."

"I can't imagine you as an otter," said Amanda.

"Well, I don't suppose you can imagine me as an angel, if it comes to that," said Laura.

Amanda was silent. She couldn't.

"Personally I think an otter life would be rather enjoyable," continued Laura; "salmon to eat all the year around, and the satisfaction of being able to fetch the trout in their own homes without having to wait for hours till they condescend to rise to the fly you've been dangling before them; and an elegant svelte figure –"

«Nun, sie haben seine gesprenkelten Sussexküken gejagt und zwei Hennen von ihrem Gelege aufgescheucht, und außerdem sind sie über die Blumenbeete gerast. Du weißt doch, wie er an seinem Geflügel und an seinem Garten hängt.»

«Jedenfalls brauchte er nicht den geschlagenen Abend darüber zu nörgeln und schließlich zu sagen: ‹Nun aber nichts mehr davon!› – gerade in dem Augenblick, als die Auseinandersetzung anfing, mich zu amüsieren. In diesem Moment erwachte meine kleinliche Rachsucht.» Laura fuhr mit einem Kichern fort, in dem keinerlei Bedauern mitschwang: «Ich jagte die ganze gesprenkelte Sussex-Familie in sein Frühbeet am Tag nach der Geschichte mit den kleinen Hunden.»

«Wie konntest du aber auch!» rief Amanda.

«Oh, es ging ganz leicht», meinte Laura. «Zwei Hennen taten so, als ob sie brüteten, aber ich ließ nicht locker.»

«Und wir dachten, es sei ein unglücklicher Zufall!»

«Siehst du», erklärte Laura, «ich habe tatsächlich allen Grund, anzunehmen, dass meine nächste Wiedergeburt in einem niedrigeren Organismus stattfinden wird. Ich werde irgendein Tier sein. Andererseits, auf meine Art bin ich gar nicht so übel gewesen, und so rechne ich halbwegs damit, ein nettes Tier zu werden, irgendein anmutiges, lebhaftes, mit Freude am Spaß. Vielleicht ein Otter.»

«Ich kann mir dich nicht als einen Otter vorstellen», sagte Amanda.

«Na, was das betrifft … als einen Engel kannst du dir mich aber doch auch nicht vorstellen», sagte Laura.

Amanda schwieg. Das konnte sie wirklich nicht.

«Ich für mein Teil könnte mir so ein Otterleben ganz vergnüglich denken», fuhr Laura fort. «Das ganze Jahr Lachs essen – und das Vergnügen, die Forelle direkt aus ihrem Schlupfwinkel zu greifen und nicht stundenlang lauern zu müssen, bis sie sich herbeilässt, nach der Fliege zu springen, die du vor ihr hast baumeln lassen! Außerdem eine anmutige, geschmeidige Figur …»

"Think of the otter hounds," interposed Amanda; "how dreadful to be hunted and harried and finally worried to death!"

"Rather fun with half the neighbourhood looking on, and anyhow not worse than this Saturday-to-Tuesday business of dying by inches; and then I should go on into something else. If I had been a moderately good otter I suppose I should get back into human shape of some sort; probably something rather primitive – a little brown, unclothed Nubian boy, I should think."

"I wish you would be serious," sighed Amanda; "you really ought to be if you're going to live till Tuesday."

As a matter of fact Laura died on Monday.

"So dreadfully upsetting," Amanda complained to her uncle-in-law, Sir Lulworth Quayne. "I've asked quite a lot of people down for golf and fishing, and the rhododendrons are just looking their best."

"Laura always was inconsiderate," said Sir Lulworth; "she was born during Goodwood week, with an Ambassador staying in the house who hated babies."

"She had the maddest kind of ideas," said Amanda; "do you know if there was any insanity in her family?"

"Insanity? No, I never heard of any. Her father lives in West Kensington, but I believe he's sane on all other subjects."

"She had an idea that she was going to be reincarnated as an otter," said Amanda.

"One meets with those ideas of reincarnation so frequently, even in the West," said Sir Lulworth, "that one can hardly set them down as being mad.

«Aber denk doch an die Otterhunde», fiel Amanda ihr ins Wort. «Wie grässlich, von ihnen gejagt und gequält und schließlich zu Tode gepeinigt zu werden!»

«Ist doch ganz lustig, wenn die halbe Nachbarschaft zusieht! Jedenfalls nicht schlimmer, als diese stückchenweise Von-Samstag-bis-Dienstag-Sterberei. Und danach würde ich mich in etwas anderes verwandeln. Wenn ich ein leidlich anständiger Otter gewesen wäre, dann würde ich wohl wieder irgendwie menschliche Gestalt annehmen. Wahrscheinlich etwas ziemlich Primitives. Zum Beispiel ein kleiner, brauner, nackter Nubierjunge.»

«Ich wünschte, du wärest etwas ernster», seufzte Amanda. «Das wäre wirklich angebracht – wenn du nur noch bis Dienstag zu leben hast …»

Tatsächlich starb Laura am Montag.

«Schrecklich ungelegen ist das alles», klagte Amanda ihrem Schwiegeronkel, Sir Lulworth Quayne. «Nun hab ich gerade eine Menge Leute zum Golf und zum Fischen eingeladen, und die Rhododendren stehen in herrlichster Blüte.»

«Laura war stets unüberlegt», erwiderte Sir Lulworth. «Ausgerechnet in der Goodwood-Woche kam sie damals auf die Welt, und ausgerechnet war ein Botschafter Hausgast, dem kleine Kinder ein Greuel waren.»

«Sie hatte die verrücktesten Einfälle», sagte Amanda. «Weißt du, ob in ihrer Familie jemals eine Geisteskrankheit aufgetreten ist?»

«Geisteskrankheit? Nicht, dass ich wüsste. Ihr Vater lebt in West Kensington, aber ansonsten ist er, glaube ich, ganz normal.»

«Sie hat sich eingebildet, sie werde als ein Otter wiedergeboren werden», sagte Amanda.

«Man begegnet diesen Gedanken an Seelenwanderung so häufig, sogar im Westen», meinte Sir Lulworth, «dass man sie kaum als verrückt abtun kann. Und Laura war in diesem

And Laura was such an unaccountable person in this life that I should not like to lay down definite rules as to what she might be doing in an after state."

"You think she really might have passed into some animal form?" asked Amanda. She was one of those who shape their opinions rather readily from the standpoint of those around them.

Just then Egbert entered the breakfast-room, wearing an air of bereavement that Laura's demise would have been insufficient, in itself, to account for.

"Four of my speckled Sussex have been killed," he exclaimed; "the very four that were to go to the show on Friday. One of them was dragged away and eaten right in the middle of that new carnation bed that I've been to such trouble and expense over. My best flower bed and my best fowls singled out for destruction; it almost seems as if the brute that did the deed had special knowledge how to be as devastating as possible in a short space of time."

"Was it a fox, do you think?" asked Amanda.

"Sounds more like a polecat," said Sir Lulworth.

"No," said Egbert, "there were marks of webbed feet all over the place, and we followed the tracks down to the stream at the bottom of the garden; evidently an otter."

Amanda looked quickly and furtively across at Sir Lulworth.

Egbert was too agitated to eat any breakfast, and went out to superintend the strengthening of the poultry yard defences.

"I think she might at least have waited till the funeral was over," said Amanda in a scandalized voice.

Leben eine so närrische Person, dass ich mich nicht darauf festlegen möchte, was in einem künftigen Leben aus ihr werden könnte.»

«Du meinst tatsächlich, dass sie in die Gestalt irgendeines Tieres eingehen könnte?» fragte Amanda. Sie gehörte zu den Leuten, die ihre Ansichten denen ihrer Umgebung bereitwillig anpassen.

In diesem Augenblick betrat Egbert das Frühstückszimmer, und zwar mit einer so schmerzlichen Miene, wie sie Lauras Hinscheiden allein gewiss nicht bewirkt haben konnte.

«Vier von meinen gesprenkelten Sussexhühnern sind getötet worden», rief er. «Gerade die vier, die zu der Ausstellung am Freitag geschickt werden sollten. Eins von ihnen wurde fortgeschleppt und mitten in dem neuen Nelkenbeet aufgefressen, das mich so viel Mühe und Geld gekostet hat. Ausgerechnet mein bestes Blumenbeet und meine besten Hennen sind zugrundegerichtet worden! Es sieht wirklich so aus, als hätte das Tier, das da am Werk war, genau gewusst, wie es möglichst schnell möglichst viel kaputtmachen könnte.»

«Meinst du, es war ein Fuchs?» fragte Amanda.

«Das klingt mir mehr nach einem Iltis», sagte Sir Lulworth.

«Nein», sagte Egbert. «Überall im Gelände waren Spuren von Schwimmflossen. Wir sind ihnen bis zum Fluss am Ende des Gartens nachgegangen. Augenscheinlich ein Otter.»

Amanda warf einen schnellen, verstohlenen Blick hinüber zu Sir Lulworth.

Egbert war zu aufgeregt, um irgendetwas zu frühstücken, und so ging er hinaus, um die Verstärkung der Hühnerstallgitter zu überwachen.

«Ich finde, sie hätte wenigstens das Begräbnis abwarten können», sagte Amanda entrüstet.

"It's her own funeral, you know," said Sir Lul-worth; "it's a nice point in etiquette how far one ought to show respect to one's own mortal re-mains."

Disregard for mortuary convention was carried to further lengths next day; during the absence of the family at the funeral ceremony the remaining survivors of the speckled Sussex were massacred. The marauder's line of retreat seemed to have embraced most of the flower beds on the lawn, but the strawberry beds in the lower garden had also suffered.

"I shall get the otter hounds to come here at the earliest possible moment," said Egbert savagely.

"On no account! You can't dream of such a thing!" exclaimed Amanda. "I mean, it wouldn't do, so soon after a funeral in the house."

"It's a case of necessity," said Egbert; "once an otter takes to that sort of thing it won't stop."

"Perhaps it will go elsewhere now that there are no more fowls left," suggested Amanda.

"One would think you wanted to shield the beast," said Egbert.

"There's been so little water in the stream lately," objected Amanda; "it seems hardly sporting to hunt an animal when it has so little chance of taking refuge anywhere."

"Good gracious!" fumed Egbert; "I'm not think-ing about sport. I want to have the animal killed as soon as possible."

Even Amanda's opposition weakened when, dur-ing church time on the following Sunday, the otter made its way into the house, raided half a salmon from the larder and worried it into scaly fragments on the Persian rug in Egbert's studio.

«Schließlich ist es ihr eigenes Begräbnis», meinte Sir Lulworth. «Es ist eine interessante Etikettenfrage, wie weit man den eigenen sterblichen Überresten Respekt zu erzeigen hat.»

Am folgenden Tage ging diese Missachtung von Begräbnis-Gepflogenheiten noch weiter. Während die Familie zur Beerdigung abwesend war, wurden die überlebenden gesprenkelten Sussexhühner massakriert. Der Rückzug des Räubers hatte offensichtlich den meisten Blumenrabatten im Rasen übel mitgespielt, aber auch die Erdbeerbeete im unteren Garten waren arg betroffen.

«Ich werde so schnell wie möglich die Otterhunde kommen lassen», rief Egbert wutschnaubend.

«Keinesfalls! Davon kannst du doch nicht einmal träumen», rief Amanda. «Ich meine, es wäre unpassend, so kurze Zeit nach dem Trauerfall hier im Hause.»

«Es ist unvermeidlich», sagte Egbert. «Wenn ein Otter erst einmal mit so etwas angefangen hat, dann gibt's kein Halten mehr.»

«Vielleicht geht er nun anderswohin, weil hier ja keine Hühner mehr sind», erwog Amanda.

«Man könnte wirklich meinen, dass du das Biest schützen möchtest», sagte Egbert.

«Der Fluss hat in letzter Zeit so wenig Wasser», widersprach Amanda. «Es kommt mir unsportlich vor, ein Tier zu jagen, wenn es so wenig Möglichkeit hat, sich irgendwo zu verbergen.»

«Zum Teufel», schäumte Egbert, «ich denke doch jetzt nicht an Sport! Ich will das Tier so bald wie möglich getötet haben.»

Selbst Amandas Widerstand erlahmte, als am nächsten Sonntag während der Kirchzeit der Otter sich ins Haus schlich, einen halben Lachs aus der Speisekammer stahl und ihn auf dem Perserteppich in Egberts Zimmer in schuppige Reste zerzauste.

"We shall have it hiding under our beds and bit-ing pieces out of our feet before long," said Egbert, and from what Amanda knew of this particular otter she felt that the possibility was not a remote one.

On the evening preceding the day fixed for the hunt Amanda spent a solitary hour walking by the banks of the stream, making what she imagined to be hound noises. It was charitably supposed by those who overheard her performance, that she was practising for farmyard imitations at the forthcom-ing village entertainment.

It was her friend and neighbour, Aurora Burret, who brought her news of the day's sport.

"Pity you weren't out; we had quite a good day. We found it at once, in the pool just below your garden."

"Did you – kill?" asked Amanda.

"Rather. A fine she-otter. Your husband got rather badly bitten in trying to 'tail it'. Poor beast, I felt quite sorry for it, it had such a human look in its eyes when it was killed. You'll call me silly, but do you know who the look reminded me of? My dear woman, what is the matter?"

When Amanda had recovered to a certain extent from her attack of nervous prostration Egbert took her to the Nile Valley to recuperate. Change of scene speedily brought the desired recovery of health and mental balance. The escapades of an adventurous otter in search of a variation of diet were viewed in their proper light.

Amanda's normally placid temperament reasserted itself. Even a hurricane of shouted curses, coming from her husband's dressing-room, in her husband's voice, but hardly in his usual vocabulary, failed to

«Nächstens werden wir es erleben, dass er sich unter unseren Betten versteckt und unsere Füße anknabbert», sagte Egbert. Und nach allem, was Amanda speziell von diesem Otter wusste, konnte sie sich vorstellen, dass dieser Gedanke nicht ganz abwegig war.

Am Abend vor der Jagd verbrachte Amanda eine einsame Stunde auf- und abgehend am sandigen Flussufer und gab Töne von sich, die wie Hundegebell klingen sollten. Zufällige Zeugen dieser Darbietung nahmen gutmütigerweise an, dass sie Bauernhof-Geräusche für die geplante Dorftheater-Aufführung übte.

Aurora Burret, ihre Freundin und Nachbarin, war es dann, die ihr den Verlauf des kurzweiligen Tages schilderte.

«Zu schade, dass du nicht dabei warst. Wir hatten eine gute Jagd. Wir fanden ihn gleich in dem Teich unterhalb eures Gartens.»

«Habt ihr ihn – getötet?» fragte Amanda.

«Gewiss doch! Ein prächtiges Otterweibchen. Dein Mann wurde schrecklich von ihm gebissen, als er es am Schwanz packen wollte. Das arme Tier – mir tat es leid: es hatte so einen menschlichen Ausdruck in den Augen, als man es tötete. Du magst mich für verrückt halten, aber weißt du, an wen sein Blick mich erinnerte? Aber meine Liebe, was ist mit dir los?»

Nachdem Amanda sich von ihrem nervösen Schwächezustand einigermaßen erholt hatte, fuhr Egbert mit ihr zu ihrer völligen Wiederherstellung nach Ägypten ins Niltal. Dieser Szenenwechsel brachte bald die erhoffte körperliche und seelische Genesung. Die Streiche eines abenteuerlustigen Otters, der Abwechslung in seinen Essgewohnheiten suchte, erschienen ihr längst als etwas Normales.

Ihre typische gelassene Gemütsverfassung stellte sich wieder ein. Sogar ein Sturm von heftigen Flüchen, die aus dem Ankleidezimmer ihres Mannes kamen – zwar in seiner Stimme, aber durchaus nicht in seinem sonstigen Wortschatz –

disturb her serenity as she made a leisurely toilet one evening in a Cairo hotel.

"What is the matter? What has happened?" she asked in amused curiosity.

"The little beast has thrown all my clean shirts into the bath! Wait till I catch you, you little –"

"What little beast?" asked Amanda, suppressing a desire to laugh; Egbert's language was so hopelessly inadequate to express his outraged feelings.

"A little beast of a naked brown Nubian boy," spluttered Egbert.

And now Amanda is seriously ill.

vermochten sie nicht aus der Ruhe zu bringen; sie machte gerade gemächlich Toilette, es war im Hotel in Kairo.

Amüsiert und neugierig fragte sie: «Was ist denn los? Was ist passiert?»

«Das kleine Biest hat alle meine sauberen Hemden in die Badewanne geworfen. Aber warte, wenn ich dich kriege, du ...»

«Was für ein kleines Biest?» fragte Amanda, indem sie ihre Lachlust unterdrückte. Egberts Wortschatz war hoffnungslos unzureichend, seine Empörung auszudrücken.

Hastig stieß er hervor: «Ein kleines Biest von einem nackten, braunen Nubierjungen!»

Und nun ist Amanda ernstlich krank.

Anmerkungen

zu Dahl

Seite 32, Zeilen 19 und 28 ff. *fingersmith*: Im Deutschen würde «Fingerschmied» nicht als Analogie zu «Goldschmied» überzeugen. Vielleicht verträgt das Englische den Austausch von dem, womit einer arbeitet, mit dem, woran einer arbeitet. Wir haben ein im Deutschen einleuchtendes Wort erfunden und erklärt. Eine Übersetzung ist die Passage nun freilich nicht.

zu Lucas

Seite 68, Zeile 3 *Tertullian* (ca. 155 – ca. 220), frühchristlicher Theologe, Polemiker, Moralist. Prägte lateinische Wörter und Wendungen, die in der westlichen Welt für die nächsten tausend Jahre von Bedeutung waren.

Seite 68, Zeile 10 *Aldhelm* (639–709), Abt von Malmesbury, Autor zahlreicher lateinischer Schriften in Vers und Prosa. *De laudibus virginitatis*: Vom Lob der Jungfräulichkeit.

Seite 68, Zeile 9 v. u. *François Rabelais* (1494–1553), französischer Schriftsteller, der in seinem «Gargantua» und seinem «Pantagruel» in parodistischer und grotesker Art die großen Probleme seiner Zeit darstellte.

Seite 68, Zeile 8 v. u. *Francesco Redi* (1626–1697), Physiker und Dichter, der u. a. experimentell nachwies, dass Maden in verfaulendem Fleisch auf Eier zurückzuführen sind, die von Fliegen gelegt wurden.

Seite 68, Zeile 7 v. u. *author of «The Path to Rome»*: Gilbert Keith Chesterton (1874–1936), der vor allem durch seine Father-Brown-Geschichten bekannt geworden ist. Eine Anspielung auf Chestertons beträchtlichen Leibesumfang kann nicht ausgeschlossen werden.

Seite 72, Zeile 6 *when the crash came*: Die Auseinandersetzung zwischen der Kirche und dem Staat in der zweiten Hälfte des neunzehnten Jahrhunderts.

Seite 82 Zeile 6 v. u. *John Murray* (1808–92) begann 1836 seine Reiseführer, die erstmals praktische Informationen zusammenstellten, unter der Bezeichnung «Murray's Handbooks» oder «Murray's Red Guides» herauszugeben. Sie wurden zum Gattungsbegriff: a Murray.

Seite 84, Zeile 20 *Quod non fecerunt Barbari fecere Barberini*: Was
die Barbaren nicht getan haben, haben die Barberini getan. Der von
Carlo Castelli (1565–1639) stammende Spottvers ist gegen Maffeo Bar-
berini gerichtet, der als Papst Urban VIII. aus Bronzeteilen des antiken
Pantheon in Rom den Baldachin der Peterskirche und Kanonen für die
Engelsburg gießen ließ.

Seite 122, Zeile 4 v. u. *strambotto*, Mz. *strambotti*: Gedichtform der
volkstümlichen sizilianischen Poesie, die aus acht elfsilbigen Versen besteht; im 18. Jahrhundert war sie auch in der Kunstdichtung beliebt.

Seite 126, letzte Zeile *Palmam qui meruit ferat*: Den Siegespreis
soll derjenige erhalten, der ihn verdient.

zu Knox

Seite 142, Zeile 23 *viva voce:* (lat.) mit kräftiger Stimme

Seite 146, Zeile 7 *open verdict*: Vgl. Grimmsches Wörterbuch,
Stichwort «Wahrspruch»: «der ausspruch der geschworenen über die
zur entscheidung vorgelegte schuldfrage, eine übertragung des engl.-
franz. verdict (vere dictum) … diese volksvertreter bei den gerichten
haben … den ausspruch zu thun, ob der angeklagte schuldig oder
unschuldig ist. dieser Ausspruch heiszt wahrpruch.» Im vorliegenden
Fall ist das entscheidende Gericht die Leichenschaukommission.

Seite 150, Zeile 24 *clock-golf:* ein Spiel, bei dem zwölf Zahlen auf
dem Rasen zifferblattförmig in einem Kreis angeordnet werden und
die Spieler den Ball von jeder Zahl aus in ein Loch putten, das sich
irgendwo innerhalb des Kreises befindet.

zu Urquhart

Seite 172, Zeile 19 *But German girls walk different*: Vgl. dazu
Philip Roth «Der menschliche Makel» (Hanser, München 2002, Seite
130): «In jenen Tagen schien es für die Ex-GIs an der NYU kein
lohnenderes Freizeitvergnügen zu geben, als die Beine der Frauen
zu würdigen, die in Greenwich Village an den Kneipen und Cafés vorbeigingen, wo sich die jungen Männer einfanden, um Zeitungen zu
lesen und Schach zu spielen … Es war die große amerikanische Ära
aphrodisischer Beine.»

Bio-bibliografische Notizen

ROALD DAHL (1916–1990). Britischer Autor von Kurzgeschichten, Dramen und Versen. Seine ersten Kurzgeschichten in der Sammlung *Over to You* (1946) basieren auf seinen Kriegserfahrungen in der Royal Air Force. Nachfolgende Sammlungen: *Someone Like You* (1954), *Kiss Kiss* (1960) und *Switch Bitch* (1974). Den größten Erfolg hatten seine Kinderbücher; sein bekanntestes ist das erfolgreich verfilmte *Charlie and the Chocolate Factory* (1964). Die Erzählung *The Hitchhiker* bringen wir mit freundlicher Genehmigung der Agentur Michael Meller, München, und des Rowohlt Verlages, wo sie in der Übersetzung von Sybil Gräfin Schönfeldt in dem Buch *Ich sehe was, was du nicht siehst* im Programm ist.

ROBERT GRAVES (1895–1985). Englischer Dichter, Romanautor (*I, Claudius* und *Claudius the God*), Essayist und Kritiker mit einer breit gefächerten Bibliografie. 1946 ließ er sich mit seiner zweiten Frau endgültig in Mallorca nieder. *Earth to Earth* © by the Trustees of the Robert Graves Copyright Trust. Publikation durch Vermittlung der Agentur Mohrbooks, Zürich.

O. HENRY, Pseudonym für William Sidney Porter (1862–1910), geboren in North Carolina, hatte 1897–1901 eine Gefängnisstrafe wegen Unterschlagung abzusitzen. Im Gefängnis begann er Kurzgeschichten zu schreiben, die auf Beobachtungen des täglichen Lebens vor allem der Kleinen Leute beruhten. Er war humorvoll, einfallsreich und bis zur Sentimentalität menschenfreundlich. 1904 veröffentlichte er die erste seiner zahlreichen Sammlungen, *Cabbages and Kings*.

EDMUND GEORGE VALPY KNOX (1881–1971), älterer Bruder des Theologen und Essayisten Ronald Knox, schrieb leichte Verse und humorvolle Erzählungen und Parodien. Von 1921 an war er bei der Zeitschrift *Punch* unter Vertrag, 1932–1949 als Herausgeber. Er schrieb seine Beiträge unter dem Pseudonym «Evoe». Copyright für *The Murder at The Towers* by Taylor Joyson Garrett, London.

ST JOHN WELLES LUCAS (1879–1934), von Beruf Anwalt, diente von 1917 bis 1919 als Leutnant im Stab bei der Militärkommission in Italien.

MRS HENRY DE LA PASTURE (?–1945) schrieb zu Beginn des 20. Jahrhunderts zahlreiche Romane und Stücke, die alle vergessen sind – bis auf *The Unlucky Family*, welchem Buch unser Text *Kidnapping* entnommen ist. Das Erscheinungsjahr ist umstritten: 1907 oder 1913. Dieses Buch wurde 1930 von Evelyn Waugh wiederentdeckt und erlebte dadurch eine Renaissance. © The Folio Society, London.

SAKI, Pseudonym für Hector Hugh Munro (1870–1916). In Burma geboren, wo er, nach seiner Erziehung in England, ein Jahr bei der Militärpolizei tätig war. Von 1899 an war er erfolgreicher Journalist. Er schrieb politische Satiren für die *Westminster Gazette*, später Berichte aus Osteuropa für die *Morning Post* und machte sich vor allem einen Namen mit seinen humorvollen und makabren Kurzgeschichten, in denen oft Tiere als Rächer an der Menschheit eine Rolle spielen. Im Ersten Weltkrieg wurde Saki in Frankreich durch die Kugel eines Scharfschützen getötet.

FRED URQUHART (geb. 1912), schottischer Romancier und Autor von Kurzgeschichten, die in sieben Sammelbänden erschienen sind. Viele davon wurden erstmals von der BBC gesendet. Urquhart arbeitete als Verlagslektor und literarischer Herausgeber der *Tribune*.

Für einige Erzählungen konnten wir die Rechte-Inhaber nicht ermitteln. Kein Verlag, keine Agentur, keine Publikation, keine Institution konnte uns sagen, wo das Copyright heute liegt. Wir sind für Hinweise dankbar.